ROBERT FERGUS

Robert Ferguson est né en Angleterre en 1948. Après des études scandinaves à l'université de Londres, il a travaillé pour la BBC en traduisant et adaptant pour la radio les œuvres d'auteurs norvégiens, tels que Knut Hamsun ou Henrik Ibsen. Il a publié deux romans en Norvège, où il réside depuis plusieurs années.
Petits préceptes de vie selon Kierkegaard est son premier ouvrage publié en France.

THE SCHOOL OF LIFE

The School of Life est le nom d'une nouvelle école qui s'emploie à étudier les grandes questions que nous sommes amenés à nous poser au cours de notre existence : Comment utiliser au mieux nos capacités ? Peut-on s'épanouir au travail ? Est-ce que l'amitié peut durer éternellement ?
The School of Life propose moins des réponses définitives que des pistes de réflexion – de la philosophie à la littérature, en passant par la psychologie et l'art graphique – qui sont à même de stimuler, susciter, nourrir ou conforter votre vision du monde.

Rendez votre quotidien intelligent

DANS LA COLLECTION
« PETITS PRÉCEPTES DE VIE »

PETITS PRÉCEPTES DE VIE SELON BERGSON
de Michael Foley

PETITS PRÉCEPTES DE VIE SELON KIERKEGAARD
de Robert Ferguson

PETITS PRÉCEPTES DE VIE SELON NIETZSCHE
de John Armstrong

DANS LA COLLECTION
« SCHOOL OF LIFE »

COMMENT APPRIVOISER L'ARGENT
de John Armstrong

COMMENT MIEUX PENSER AU SEXE
d'Alain de Botton

COMMENT MIEUX VIVRE À L'ÈRE DU NUMÉRIQUE
de Tom Chatfield

COMMENT CHANGER ENFIN LE MONDE
de John-Paul Flintoff

COMMENT SE RÉALISER DANS SON TRAVAIL
de Roman Krznaric

COMMENT ÊTRE SOI SANS DEVENIR FOU
de Philippa Perry

Petits préceptes de vie selon Kierkegaard

Robert Ferguson

Petits préceptes de vie selon Kierkegaard

Traduit de l'anglais par Pierre Chalmin

POCKET

Titre original :
Life lessons from Kierkegaard

MIXTE
Papier issu de
sources responsables
FSC® C003309

Pocket, une marque d'Univers Poche,
est un éditeur qui s'engage pour la préservation
de son environnement et qui utilise du papier
fabriqué à partir de bois provenant de forêts gérées
de manière responsable.

ISBN : 978-2-266-25546-2

I. INTRODUCTION

Depuis une vingtaine d'années, on me parlait de Kierkegaard sans que sa pensée éveillât chez moi la moindre curiosité. Ce qui détermina mon intérêt fut un détail sur lequel je tombai au cours de mes recherches pour l'écriture d'une biographie du dramaturge norvégien Henrik Ibsen. Une de mes lectures suggérait que dans *Brand*, sa pièce capitale consacrée à un prêtre, Ibsen avait examiné dans toutes ses dimensions dramatiques les conséquences de l'idéal philosophique d'une vie vécue *au service d'une idée*. Ibsen proclamait avoir peu lu Kierkegaard et l'avoir « encore moins » compris. Cependant, les idées de Kierkegaard étaient dans l'air de la Scandinavie où Ibsen était né : il n'était guère nécessaire au dramaturge d'avoir lu son œuvre pour être tout à fait familier de sa pensée.

Commençant à lire Kierkegaard, je me suis vite rendu compte qu'il avait vécu lui-même une telle vie : dans l'intense poursuite, inquiétante et passionnée, d'une seule idée. Il m'est également devenu de plus en plus évident qu'il était sans conteste l'un des plus grands écrivains *autobiographiques* que j'avais jamais rencontré. Un aphorisme particulier se détache de cette époque, ce constat presque laconique que *la vie ne se comprend que par un retour en arrière mais qu'on ne la vit qu'en avant*. J'y pense encore chaque fois que je suis assis dans le mauvais sens dans un train. Pour la première fois de ma vie, j'eus le sentiment de comprendre qui étaient les grands philosophes et pourquoi ils comptaient : ils étaient des gens qui avaient essayé de donner un sens à leur vie et qui, ce faisant, avaient tenté de nous aider à donner un sens à la nôtre.

Søren Kierkegaard était danois, il était né en 1813, benjamin d'une famille de sept enfants. Avant qu'il n'eût atteint l'âge de vingt-deux ans, tous sauf lui et l'un de ses frères aînés étaient morts. Deux de ses sœurs étaient mortes en couches à l'âge de trente-trois ans et Kierkegaard était persuadé que lui-même ne vivrait pas plus vieux. Un de ses amis se souviendra qu'il avait alors déclaré qu'il ne lirait plus que « les écrits de condamnés à mort ». Cet ami avait ri, prenant cela pour une manifestation typique du sens de l'humour du jeune Kierkegaard. Ce n'est que plus tard qu'il prit conscience qu'il s'agissait en fait d'une invitation à débattre sur le thème de la mort, et regretta de l'avoir déclinée. Sa profonde expérience de la brièveté de la vie conduisit Kierkegaard à penser la vie comme une préparation à la mort, et à son tour cette prise de conscience lui donna un sens aigu de la valeur du temps. En quinze ans de vie littéraire active, sa production fut prodigieuse. Trois de ses livres parurent un même jour de 1843. Chacune de ses lignes est hantée par le même murmure d'urgence : *chaque moment compte.*

Le père de Søren, Michael, était issu de la paysannerie la plus pauvre. En 1777, à l'âge de vingt et un ans, il fut libéré du service par son maître et dans un court espace de temps, il fit fortune comme importateur de textiles. Arrivé à l'âge de quarante ans, il était assez riche pour prendre sa retraite. Søren est né alors qu'il était âgé de cinquante-six ans, enfant de son second mariage avec Ane, son ancienne gouvernante. Michael Kierkegaard était un homme profondément religieux. On raconte qu'alors qu'il n'était qu'un garçon de quatorze ans qui faisait paître les moutons de son maître, il avait maudit Dieu de l'injustice de son destin, et le changement spectaculaire de sa fortune qui avait suivi cette explosion semble avoir déterminé chez lui un sentiment de culpabilité qui le hantait. Il éleva Søren dans une conception sombre du christianisme qui le marqua longtemps, avec l'impression d'avoir été privé d'enfance. Plus tard il apprit à considérer cet héritage comme une chance pour réinventer sa propre idée de ce qu'être chrétien signifie. À la mort de son père en 1838, Søren hérita d'une fortune qui le délivra de la nécessité de gagner sa vie et lui permit de se lancer sérieusement dans ce qui, il l'avait décidé, serait le travail de sa vie : penser et écrire.

Au cœur de la vie et de la pensée de Kierkegaard se cache la plus remarquable histoire d'amour. En mai 1837, chez un ami de Copenhague, il rencontra la précoce et talentueuse Régine Olsen qu'il courtisa par la suite. En 1840, quand elle eut dix-huit ans, il demanda sa main et sa demande fut acceptée. En août 1841, il rompit les fiançailles, et publia peu après le livre qui le rendit célèbre dans toute la Scandinavie, dont le titre reste aussi probablement le plus communément associé à son nom : *Ou bien... ou bien.*

Comme presque tous les autres fruits de la prodigieuse activité littéraire de Kierkegaard, *Ou bien... ou bien* fut publié sous un pseudonyme. Faisant jouer les contrastes de voix et de styles variés, la partie la plus célèbre ou tristement célèbre du livre est le *Journal du séducteur*, le compte rendu par un jeune homme nommé Johannes des incroyables longueurs et détours qu'il emprunte pour gagner l'amour d'une jeune femme. Le succès, comme il s'avère, est tout l'objet de l'exercice ; ayant gagné le cœur de la jeune femme, il met alors fin à la relation, se retrouvant libre de chercher une autre cible à sa divertissante campagne de conquête.

L'exacte *raison* pour laquelle Kierkegaard rompit avec Régine est l'une des grandes énigmes de sa vie. Il ressort clairement de ses écrits ultérieurs, et particulièrement de ses *Journaux et cahiers de notes*, qu'il continua à l'aimer, au point qu'à sa mort en 1855 il lui légua le peu d'argent qui lui restait, expliquant qu'il agissait ainsi parce qu'il avait toujours considéré leur engagement comme étant identique à un mariage. Elle, cependant, avait depuis longtemps épousé quelqu'un d'autre et le legs fut refusé.

Dans *Ou bien... ou bien*, Kierkegaard expose à ses lecteurs une division de la vie en trois « stades sur le chemin de la vie » (quatre en fait, bien que le premier ne soit jamais désigné comme un stade), chacun représentant un progrès sur le précédent : le philistin, l'esthétique, l'éthique et le religieux.

Bien qu'il usât de pseudonymes pour écrire « avec la voix » des protagonistes à chacun de ces stades (montrant une affinité notable avec ceux qui sont au « stade esthétique »), il se voyait toujours comme un écrivain religieux, préoccupé de persuader ses lecteurs d'emprunter le chemin philistin-esthétique-éthique-religieux vers le Christ. Son engagement dans quelque chose d'aussi « irrationnel » que le christianisme a conduit beaucoup de philosophes à le rejeter comme n'étant pas un « véritable » philosophe, et il était très conscient que beaucoup jugeaient sa position intellectuellement douteuse. Pourtant, l'un des paradoxes les plus stimulants de Kierkegaard est qu'avec tout son amour du Christ, son esprit est aussi l'un des plus rationnels, l'un des plus intellectuels, l'un des plus finement analytiques et des plus psychologiquement pénétrants qu'il soit donné de jamais rencontrer. Le lire s'apparente pour moi à entreprendre une longue promenade avec un compagnon fascinant. Nombre de ses propos sont trop abscons et compliqués, trop personnels même, pour que je les comprenne ; beaucoup plus nombreux encore sont éclairants, profonds, stimulants et enrichissants. Comme agnostique je ne peux suivre Kierkegaard jusqu'aux portes du ciel qu'il voit si clairement devant lui, et nous nous séparons chaque fois avant qu'il n'atteigne sa destination finale. Mais de mon point de vue au moins, il est bien plus plaisant de voyager intelligemment que d'arriver.

Une des idées les plus couramment associées à Kierkegaard est qu'un « saut de la foi » est nécessaire pour comprendre et accepter le bouleversement de sens qu'introduisent l'histoire du Nouveau Testament et l'affirmation de la divinité du Christ. Une fois encore, il est difficile de savoir si on a compris exactement ce qu'il entendait par là, mais il me semble qu'il exprime l'idée qu'une approche rationnelle de la connaissance sera toujours, à la fin, confrontée à des limites, alors que mille intuitions subjectives continuent de nous murmurer que ces limites ne sont pas du tout indépassables. Et son idée du « saut de la foi » est-elle vraiment d'une si frappante irrationalité ? Tous les enfants, lorsqu'ils entendent pour la première fois que l'univers a commencé par un « Big Bang », veulent immédiatement savoir ce qui l'a précédé. La meilleure réponse qu'offre la science est qu'il existait une « Singularité », c'est-à-dire un état dans lequel les lois connues et les explications admises de notre science n'avaient tout simplement pas cours. Le « saut de la foi » de Kierkegaard n'est pas une réponse moins artificielle à la question ultime de savoir qui – ou quoi – exactement fait tourner la baraque aux confins de l'univers.

Kierkegaard a toujours souffert d'une mauvaise santé. S'étant dispensé de marcher pendant une journée, ses jambes s'affaissèrent sous lui. Il fut alors capable de se traîner seul à l'hôpital Frederik de Copenhague pour s'y faire admettre. Dès ses débuts, il semble avoir considéré sa maladie comme fatale, et au cours des huit semaines qui suivirent, ses fonctions corporelles tombèrent progressivement en panne. Juste avant son effondrement, il avait lancé une attaque extraordinaire contre l'église luthérienne du Danemark, accusant ses pasteurs et ses évêques de ne pas être beaucoup plus qu'une bureaucratie religieuse principalement préoccupée du confort des gens – et du leur. Il mourut le 11 novembre 1855, à quarante-deux ans tout juste. Le médecin qui le soigna dans sa dernière maladie écrivit ce seul mot interrogatif sur son dossier : « Consomption ? », mais la cause exacte de la mort reste un sujet de débat.

II. COMMENT S'ÉVEILLER

Le plus important est pour chacun de grandir sur le sol auquel il appartient ; quoiqu'il ne soit pas forcément facile de savoir où il se situe. À cet égard il existe certaines âmes chanceuses qui ont une telle inclination pour une direction particulière que, dès qu'elle leur a été désignée, elles se jettent d'emblée dans cette direction et ne sont jamais troublées par l'hypothèse qu'en fait, elles auraient réellement dû emprunter un chemin radicalement autre. Et il existe les autres, tellement conditionnées dans leur progrès par leur environnement immédiat qu'elles ne comprennent jamais complètement ce vers quoi elles devraient tendre.

Journaux et Cahiers de notes 1833-1855,
publiés à titre posthume

Il n'y a vraiment qu'une chose que Kierkegaard veuille nous faire comprendre, c'est que la plupart d'entre nous marchons dans la vie en somnambules : comme des automates, pour le dire nettement. Quelques-uns d'entre nous peuvent bien être des hommes ou des femmes importants dans le monde ; nous pouvons être capitaines d'industrie, détenir la puissance économique ou même diriger des pays. Mais un succès mondial ne signifie rien si nous sommes encore endormis, marchant en somnambules dans une vie que nous n'avons jamais demandée et dans un monde que nous avons construit comme une réponse. Il suggère qu'il existe d'excellentes raisons pour lesquelles nous ne voulons pas ouvrir les yeux, dont la moindre n'est pas l'effroi et la déroute que nous causeraient, nous éveillant quelque jour, la vraie confusion et le désespoir dont le sommeil nous a protégés :

Comme on plonge son doigt dans la terre pour reconnaître le pays où l'on est, de même j'enfonce mon doigt dans la vie : elle n'a odeur de rien. Où suis-je ? Le monde, qu'est-ce que cela veut dire ? Que signifie ce mot ? Qui m'a joué le tour de m'y jeter et de m'y laisser maintenant ? Qui suis-je ? Comment suis-je entré dans le monde ; pourquoi n'ai-je pas été consulté, pourquoi ne m'a-t-on pas mis au courant des us et coutumes, mais incorporé dans les rangs, comme si j'avais été acheté par un racoleur de garnison ? À quel titre ai-je été intéressé à cette vaste entreprise qu'on appelle la réalité ? Pourquoi faut-il que j'y sois intéressé ? N'est-ce pas une affaire libre ? Et si je suis forcé de l'être, où est le directeur, que je lui fasse une observation ? Il n'y a pas de directeur ? À qui dois-je adresser ma plainte ?

La Reprise, 1843

Kierkegaard consacre beaucoup de temps à la situation dans laquelle nous nous trouvons :

De toutes les choses risibles, la plus ridicule à mes yeux, c'est d'être affairé en ce monde, expéditif à table comme à la besogne. Aussi, quand je vois au moment décisif une mouche se poser sur le nez d'un pareil affairé, quand une voiture le dépasse au galop et l'éclabousse, quand le Knippelsbro se lève devant ses pas ou qu'une tuile tombe du toit et le tue, je ris de tout mon cœur. Et qui pourrait bien s'empêcher de rire ? Quelle œuvre font-ils, ces empressés en perpétuelle agitation ? N'en est-il pas d'eux comme de cette femme qui, tout ahurie de voir le feu à la maison, sauva les pincettes ? Vraiment, que sauvent-ils du plus grand incendie de la vie ?*

Ou bien... ou bien, Diapsalmata, 1843

Kierkegaard peut paraître cruel et rebutant dans son désir d'assener sa vérité. Un bon mariage ? N'y songez pas, cela relève de l'aveuglement volontaire :

Le danger du mariage tient à toute l'hypocrisie qu'il implique, à ce que l'on n'agit plus que pour le bien-être de sa femme et de ses enfants. On sombre dans la mondanité et dans la lâcheté, qu'on recouvre alors d'un vernis de morale. Entreprise fort louable à vous après tout, puisqu'elle s'accomplit au profit de votre femme et de vos enfants.

Journaux et Cahiers de notes 1833-1855,
publiés à titre posthume

* Le « pont de Knippel » était un pont ouvrant reliant Copenhague à l'île Damager (Toutes les notes sont du traducteur).

On pourrait bien jeter le livre au loin, et décider qu'on préfère aller se faire injurier ailleurs. Mais c'est alors qu'il nous prend en pitié et nous suggère la raison de son impertinence, ce qui le préoccupe tant et ce qu'il sait, au fond, qui nous préoccupe aussi, pourvu que nous daignions le reconnaître :

> *Quel est en définitive le sens de cette vie ? Si l'on répartit les hommes en deux grandes classes, on peut dire que l'une travaille pour vivre, tandis que l'autre n'en a pas besoin. Mais le but de la vie ne peut être de travailler pour vivre ; il est en effet contradictoire qu'une production constante des conditions de la vie fournisse la réponse à la question du sens de cette vie qui impose ses conditions. En général, la vie de l'autre classe n'a pas non plus d'autre sens que de consommer les conditions de la vie. Si l'on prétend que le sens de la vie est de mourir, on est encore, semble-t-il, face à une contradiction.*
>
> *Ou bien... ou bien, Diapsalmata,* 1843

C'est bien pourquoi il veut nous aider, parce qu'il sait pertinemment que chacun d'entre nous traverse de ces moments où il doute de tout. Mais aussitôt le revoici qui nous pousse dans nos retranchements. Il cultive le paradoxe comme un moyen d'éveil, de maintien de l'attention, et nous finissons par comprendre que la cruauté de son esprit est autant dirigée contre lui-même que contre nous :

> *Si quelqu'un doit tenir un journal, c'est bien moi, pour seconder un peu ma mémoire. Au bout d'un certain temps, il m'arrive d'avoir complètement oublié les raisons qui m'ont poussé à telle ou telle décision, et non seulement à propos de bagatelles, mais aussi pour les démarches les plus décisives. Si la raison de ma conduite se présente de nouveau à mon esprit, elle est parfois si étrange que je me refuse à croire qu'elle m'a déterminé. Ce doute serait écarté si j'avais quelques lignes auxquelles me reporter. Une raison est d'ailleurs une chose singulière ; si je la considère avec toute ma passion, elle prend les proportions d'une formidable nécessité capable de remuer ciel et terre ; si la passion me fait défaut, je regarde cette raison avec dédain. – Je me demande depuis assez longtemps quelle est la vraie raison qui m'a*

poussé à abandonner mon poste de professeur. En y songeant maintenant, il me semble qu'une telle situation me convenait parfaitement. Je m'en suis avisé aujourd'hui : la raison, c'est justement que je devais me considérer comme parfaitement apte à cette fonction. Si je l'avais gardée, j'aurais eu tout à perdre, rien à gagner. C'est pourquoi j'ai cru de bonne méthode de quitter l'enseignement et de prendre un engagement dans une troupe de comédiens ambulants, pour cette raison que je n'avais pas de talent et partant, tout à y gagner.

Ou bien… ou bien, Diapsalmata, 1843

De plus en plus sévère, il nous met en garde contre l'ennui, le plus sinistre et le plus délétère des ennemis, nous enjoignant d'occuper nos jours afin de jouir d'une vie pleine de sens. Mais comme il serait ennuyeux d'épiloguer sur l'ennui, Kierkegaard trouve la solution – il le fait avec humour :

Il est, prétendent les gens d'expérience, très raisonnable de partir d'un principe. J'y consens, et je pars du principe que tous les hommes sont ennuyeux. Quelqu'un sera-t-il assez ennuyeux pour me contredire ? (…) Combien l'ennui est pernicieux, tout le monde le reconnaît aussi au sujet des enfants. Aussi longtemps qu'ils s'amusent, ils sont gentils, sans la moindre réserve ; car s'il leur arrive d'être insupportables même en plein jeu, c'est que l'ennui se met de la partie : il est déjà en marche, à sa façon.

Ou bien… ou bien, La Culture alternée, 1843

Il en déduit cette évidence que la faculté d'amuser les enfants est chez une bonne d'enfant aussi importante que les vertus plus classiquement prisées de sobriété, de fidélité ou d'honnêteté. Toujours provocateur, toujours nous forçant à rester en éveil, il élève le niveau d'absurdité :

… Mais le train du monde est si étrange, l'habitude et l'ennui y dominent tellement que le cas de la bonne d'enfant est le seul où l'esthétique voit son droit respecté. Essayez de divorcer parce que votre femme est assommante, de déposer un roi parce qu'on en a assez de

le voir, d'exiler un prêtre parce qu'il est insupportable à entendre, d'exiler un ministre ou de condamner à mort un journaliste parce qu'il est ennuyeux à mourir : vous n'en viendrez pas à bout.

Ou bien... ou bien, La Culture alternée, 1843

Usant d'ironie et d'hyperbole, codes complexes, Kierkegaard rend hommage à l'intelligence de son lecteur à qui il dévoile pourtant que, dans la vie, il n'est qu'un somnambule parmi la foule auto-satisfaite. Il existe une issue, il le faut, sinon à quoi bon l'éveil ? Kierkegaard serait mieux inspiré alors de ne pas troubler le sommeil des somnambules. La solution qu'il propose d'emblée est simple et séduisante : nous éveillant à l'absurdité essentielle de la vie, que nous la considérions comme un jeu, et que nous jouions ce jeu sérieusement, en y appliquant une créativité qui nous débarrasse de l'ennui. Il assène un dernier coup aux endormis :

Je dis que tous les hommes sont ennuyeux. Mais le mot se prête à une distinction. Ennuyeux, en effet, peut se dire de celui qui ennuie les autres et de celui qui s'ennuie pour son propre compte. Ceux qui ennuient les autres, c'est la plèbe, la masse et, d'une manière générale, l'immense cortège de l'humanité ; ceux qui s'ennuient eux-mêmes, ce sont les élus, l'aristocratie ; et, chose curieuse, ceux qui ne s'ennuient pas ennuient d'ordinaire les autres ; en revanche, ceux qui s'ennuient amusent la galerie. Ceux qui ne s'ennuient pas sont d'habitude tous les affairés du monde qui, pour cette raison justement, sont les plus assommants, les plus insupportables.

Ou bien... ou bien, La Culture alternée, 1843

Avant de proposer une solution :

Tout le secret réside dans l'arbitraire. On croit qu'il n'est pas difficile de pratiquer l'arbitraire ; mais il faut de longues études pour s'y livrer sans s'y égarer et pour en tirer plaisir. On ne jouit pas de façon immédiate, on jouit d'une chose tout autre que l'on introduit arbitrairement dans la situation. On arrive au théâtre au milieu de la pièce, on commence un livre à la troisième partie. On éprouve ainsi une jouissance toute différente de celle que l'auteur a eu la bonté de vous réserver. On jouit de quelque chose de purement accidentel, on considère toute la vie de ce point de vue et on laisse toute sa réalité y achopper. Je donnerai un exemple. Une circonstance m'obligea à essuyer les bavardages de quelqu'un. À tout propos il me sortait un petit discours philosophique ennuyeux au possible. J'allais désespérer ; un beau jour, je découvre qu'en parlant, il transpirait abondamment. Ce phénomène attira mon attention. J'observai les perles de sueur qui se rassemblaient sur son front, ruisselaient, coulaient sur ses narines et se terminaient en corps ovoïdes qui pendaient au bout de son nez. De ce moment, tout changea ; je pris un malin plaisir à l'inciter à ses prônes, rien que pour voir la sueur perler sur son front et sur son nez.

Ou bien... ou bien, La Culture alternée, 1843

Voilà de l'humour lugubre. Et comme toujours avec Søren Kierkegaard, c'est « à suivre ». Son ironie, sa méthode d'instruction indirecte, son injonction qui paraît cynique de prendre du recul, de nous comporter en étudiants flegmatiques, en observateurs de la vie, de cultiver ce qu'il appelle la réponse « esthétique » à la vie, ne représentent pas des fins comme pour les esthètes d'Oscar Wilde ou le des Esseintes de Huysmans. Il ne les conçoit que comme des moyens pour atteindre une fin lointaine encore. Mais si nous parvenons à le suivre aussi loin c'est que nous avons compris une chose essentielle : nous avons *le choix*.

III. COMMENT VOIR AU TRAVERS DES APPARENCES

Notre enseignement secondaire a tendance à négliger la philosophie, si bien que nous grandissons dans l'imagination qu'il s'agirait d'une espèce de science rigide de la vie qui – pourvu que nous la comprenions – nous dirait avec précision qui nous sommes, pourquoi nous sommes ici et où nous allons. Mais comme un simple coup d'œil à une page des *Principia Mathematica* de Bertrand Russell ou du *Tractactus logico-philosophicus* de Ludwig Wittgenstein nous en convaincra, la philosophie occidentale moderne s'apparente à une quête ésotérique sans grand rapport avec notre vie quotidienne. Pour l'unique raison que je me croyais capable de le comprendre, le « *Cogito ergo sum* » – « Je pense donc je suis » – de Descartes acquit une grande importance à mes yeux de jeune homme curieux et sincère. Lapidaire et absolu, il semblait tenir la promesse d'une pensée suffisante qui contînt une vaste et consolatrice connaissance du sens de la vie. Pour les mêmes raisons, je fus grandement attiré par l'idée bouddhiste du *satori*, réalisation d'un état d'éveil épiphanique, moment où notre esprit libéré voit enfin clair. Après cela, vivre serait un jeu d'enfant...

Et le temps passe, et ces illuminations ne se réalisent jamais, et tout à coup c'est la course, et nous fonçons tous à pleine vitesse dans le tunnel de la vie, dans le travail, la carrière, le mariage ; le moment venu de vivre réellement nos vies, les préoccupations existentielles sont reléguées au magasin des accessoires de luxe pour adolescents. À ce spectacle, se souvenant de sa propre vie, Kierkegaard commence à rire :

> *Très jeune, j'ai oublié de rire dans l'antre de Trophonius* * ; avec l'âge, j'ai ouvert les yeux et j'ai regardé la réalité ; alors je me suis mis à rire*

* « C'était là que l'avenir se déclarait, mais non pas à tous d'une même manière. Les uns voyaient, les autres entendaient, vous sortiez de l'antre couché par terre comme vous y étiez entré, et les pieds les premiers. Aussitôt on vous menait dans la chaise de Mnémosyne et l'on vous demandait ce que vous aviez vu ou entendu. De là on vous ramenait dans cette chapelle du bon génie, encore tout étourdi et tout hors de vous, vous repreniez vos sens peu à peu, et vous commenciez à pouvoir rire ; car jusque-là, la grandeur des mystères, et la divinité dont vous étiez rempli, vous en avaient empêché. » (*Encyclopédie* de Diderot et d'Alembert).

et je n'ai pas cessé depuis. Et voici ce que j'ai vu : le sens de la vie, c'est d'avoir un gagne-pain, et son but, d'être conseiller à la cour ; les délices de l'amour, c'est de trouver une jeune fille munie d'une jolie dot ; le bonheur de l'amitié, c'est le secours mutuel dans les embarras d'argent ; la sagesse, l'opinion de la majorité. J'ai vu que l'enthousiasme consiste à prononcer des discours, et le courage, à s'exposer à une amende dix rixdales ; j'ai vu que la cordialité, c'est d'adresser le sacramentel remerciement à la maîtresse de maison à la fin du repas et que la piété, c'est de communier une fois par an. Voilà ce que j'ai vu, et j'ai ri.*

Ou bien… ou bien, Diapsalmata, 1843

Peut-être, dans notre course, saisissons-nous l'essence de ce rire. Ces grandes questions sur « le moi réel », si elles réapparaissent, le font sur le mode de l'humour. L'une des *Pensées profondes*** de l'humoriste américain Jack Handey me paraît donner parfaitement le ton de cet humour : « *Je regrette d'avoir à vous le dire,* écrit-il, *mais si vous vous imaginez qu'une faiblesse peut devenir une force, ce n'est que le signe d'une autre faiblesse.* » Le dessin de *Far Side Gallery* de Gary Larson montrant un blaireau à lunettes dans la section « auto-assistance » d'une librairie, plongé dans un ouvrage intitulé *Osez être nocturne,* procède du même humour. Voilà une façon très amusante de railler notre absurde croyance moderne qu'il n'existe rien de naturel et que tout s'enseigne (on peut même acheter des livres sur la meilleure façon de marcher), – mais qui déclenche un rire sombre et débouche en somme sur une impasse. Dans la partie intitulée *Diapsalmata* de *Ou bien… ou bien,* Kierkegaard raconte une plaisanterie à propos d'une plaisanterie à propos d'une plaisanterie :

Le feu prit un jour aux coulisses d'un théâtre. Le bouffon vint en avertir le public. On crut à une plaisanterie et on l'applaudit ; il

* C'est l'usage, au Danemark, de remercier la maîtresse de maison avant de se lever de table.

** *Deep Thoughts,* Berkley Trade, 1992.

répéta, les applaudissements redoublèrent. C'est ainsi, je pense, que le monde périra dans l'allégresse générale des gens spirituels persuadés qu'il s'agit d'une plaisanterie.

Ou bien... ou bien, Diapsalmata, 1843

Kierkegaard était *furieusement* instruit. Il savait son grec et son latin, les mythologies grecque et romaine, la littérature antique, l'Ancien et le Nouveau Testament, sa vieille mythologie nordique, son Shakespeare et son Goethe ; il comptait parmi les philosophes influents. Sa vaste instruction le divertissait mais elle était un substitut, son étendue même une tactique désespérée pour dissimuler un sentiment plus profond de vide, et il le savait :

Je me tiens là comme un homme qui a loué un appartement et acheté des meubles, mais n'a pourtant toujours pas trouvé la bien-aimée avec qui partager les aléas de l'existence. Plonger toujours plus profondément dans le monde n'est pourtant pas la bonne manière de trouver « la grande idée », ou plus exactement, de trouver mon vrai moi. C'est précisément la manière que j'ai essayée auparavant. C'est la raison pour laquelle il me parut un temps opportun de commencer des études de droit, pour développer mon expérience des nombreux visages confus que revêt la vie. Parce que je rencontrai là une foule de cas individuels dans lesquels m'absorber. Là je pourrais, en me fondant sur les faits, construire une totalité, un organisme de vie criminelle que je pourrais suivre dans ses aspects les plus sombres (là aussi un certain esprit d'association semble nettement présent). C'est la raison pour laquelle je souhaitai devenir comédien, pour, me pensant dans le rôle d'un autre, acquérir peut-être, pour ainsi dire, un substitut de ma propre vie, et tirer quelque plaisir de cet échange superficiel. C'est qu'il me manquait pour vivre une vie complètement humaine et non seulement une vie intellectuelle, que je ne fondasse pas le développement de ma pensée sur – ma foi, sur ce que les gens appellent l'objectivité – sur quelque chose, quelle qu'elle fût d'autre, qui ne me fût pas propre ; mais au contraire sur la racine la plus profonde de mon existence, à travers laquelle je grandisse, pour ainsi dire, dans la divinité et devienne un avec elle, quand bien même le monde entier serait détruit. Voici ce qu'il me manque, et voici ce à quoi j'aspire. C'est pourquoi je répute joyeux et forts les grands hommes qui sont en quête de ce trésor pour lequel ils vendraient tout, même leur vie, que je les voie se déterminer avec décision dans la vie, marcher fermement, sans vaciller, comme ils suivent le chemin qu'ils ont choisi ; ou que je les rencontre sur un passage éloigné, absorbés en eux-mêmes alors qu'ils avancent vers le noble objectif. J'honore même ces mauvaises pistes qui se trouvent dans une si grande proximité des autres. Ce qui compte, ce sont les actions intimes d'une personne, son aspect divin, et non de posséder une vaste instruction.

Journaux et Cahiers de notes 1833-1855,
publiés à titre posthume

Que devons-nous donc faire, si toutes nos connaissances ne s'avèrent finalement qu'un divertissement, une façon de passer le temps ? Si nous découvrons qu'au lieu d'être nous-mêmes, nous sommes devenus des comédiens, jouant notre rôle ? On peut rire, bien sûr. L'humour est un moyen de masquer la douleur du vide existentiel, et quand j'ai enfin commencé à lire Kierkegaard sérieusement, ce fut un plaisir de découvrir à quel point il pouvait être drôle. La partie *Diapsalmata* d'*Où bien... ou bien* contient cette protestation d'un désespoir hilarant contre l'horreur d'avoir à choisir :

Marie-toi, tu le regretteras ; ne te marie pas, tu le regretteras également ; marie-toi ou ne te marie pas, tu regretteras l'un et l'autre ; que tu te maries ou que tu n'en fasses rien, tu le regretteras dans les deux cas. Ris des folies du monde, tu le regretteras ; pleure sur elles, tu le regretteras également ; ris des folies du monde ou pleure sur elles, tu regretteras l'un et l'autre ; que tu ries des folies du monde ou que tu pleures sur elles, tu le regretteras dans les deux cas. Crois une jeune fille, tu le regretteras ; ne la crois pas, tu le regretteras également ; crois une jeune fille ou ne la crois pas, tu regretteras l'un et l'autre ; que tu croies une jeune fille ou que tu n'en fasses rien, tu le regretteras dans les deux cas. Pends-toi, tu le regretteras ; ne le fais pas, tu le regretteras également ; pends-toi ou non, tu regretteras l'un et l'autre ; que tu te pendes ou que tu n'en fasses rien, tu le regretteras dans les deux cas. Tel est, Messieurs, le résumé de tout l'art de vivre.

Ou bien… ou bien, Diapsalmata, 1843

D'une rafraîchissante absurdité, Kierkegaard exagère sa diatribe : il nous met clairement au défi de le prendre au sérieux. Une fois encore, c'est de l'humour noir qui laisse entendre qu'il y a plus urgent à faire que de rire.

Bien qu'il eût reçu une formation de prêtre, Kierkegaard ne croyait pas aux vertus des sermons. Il a au contraire promu par ses écrits ce qu'il appelait la « communication indirecte », grâce à laquelle l'enseignement que nous tirons de la description des circonstances de sa vie vient à éclairer notre propre voyage. L'un des premiers lecteurs d'*Ou bien… ou bien* fit part à sa mère du caractère « *extrêmement offensant* » qu'il avait toujours trouvé à Kierkegaard, « *dès le premier instant où je fis sa connaissance* », mais qu'à la lecture de l'ouvrage, la raison de sa haine lui était apparue clairement : « *Cette personnalité singulière est ma propre caricature.* » De nombreux lecteurs ont depuis vu leur propre caricature dans un passage comme celui-ci :

Qu'il est beau d'être épris, et intéressant de le savoir.
… Et comment ne serais-je pas content, quand je peux me croire le favori des dieux, moi à qui échoit la rare fortune d'être épris de nouveau, par une faveur qu'aucun art, qu'aucune étude ne peuvent procurer, puisqu'elle est gratuite ? Mais si j'ai la chance de connaître un nouvel amour, je dois voir combien de temps je pourrai le soutenir. Je vais soigner ces amours mieux que mes premières. L'occasion, assez rare, vaut qu'on en profite ; car la difficulté n'est pas de séduire une jeune fille, mais de trouver celle qui en vaille la peine. – L'amour a nombre de mystères, dont cet éveil de la passion, bien qu'il se range parmi les petits mystères : la plupart suivent frénétiquement l'impulsion, se

fiancent ou font d'autres sottises ; en un tournemain, tout est fini : ils ne savent ni ce qu'ils ont conquis, ni ce qu'ils ont perdu.

Ou bien... ou bien, Le Journal du séducteur, 1843

Maintes et maintes fois Kierkegaard met en scène ses esthètes, observateurs ironiques et détachés des autres, manipulateurs à l'image du séducteur Johannes, avec une précision et une ironie si froides que nous ne voudrions certes à aucun prix leur ressembler. Kierkegaard savait, comme Walt Whitman, qu'il contenait des multitudes : c'est une des raisons pour lesquelles il écrivit sous tant de pseudonymes. Contrairement à Whitman cependant, sa lucidité le mettait mal à l'aise. Il a écrit sur les nombreuses identités possibles que nous renfermons, les rôles que nous avons à notre répertoire, les facultés que nous acquérons en prenant du recul par rapport à la vie, celle d'être épris de l'amour, et recommencer sans cesse, tout en nous le cachant – car si nous pouvions, avec Johannes, célébrer la beauté et l'intérêt de l'amour, la connaissance mettrait un terme à l'amusement, la partie serait terminée, et nous nous retrouverions aussi déçus que des enfants à qui l'on montre le truc d'un tour de magie.

Nous avons découvert une source apparemment inépuisable d'autostimulation qui conjure la plus terrible des maladies, celle qui survient avec la prise de conscience que nous ne trouverons jamais le *satori*, que nous ne sortirons jamais de notre bain dans un grand cri d'exaltation pour saluer le sens enfin pleinement dévoilé du « *Cogito ergo sum* » : l'ennui existentiel. Comme le confie le narrateur du *Journal du séducteur* : « *Je ne crains ni les situations tragiques ni les situations comiques, les seules que je craigne sont les situations ennuyeuses.* » Tout le *Journal du séducteur* se consacre à exposer cette singulière personnalité, et ce faisant nous presse, si nous y reconnaissons notre caricature, d'en prendre conscience et de percer cette fausse personnalité. Ce qui est passionnant chez Kierkegaard, c'est qu'il ne se borne pas, sa tâche de révélation achevée, à se retirer béatement sur un sourire. Il ne renonce pas. Laissant derrière lui la réponse esthétique, il poursuit sa quête de sens et nous invite à l'imiter. Il a la certitude que le vide que nous avons si énergiquement travaillé à écarter ne saurait être, en fait et absolument, un vide.

IV. COMMENT ÉVITER DE VIVRE DANS LE PASSÉ

L'un des grands mythes du rationalisme est qu'il existe un truc ou une astuce pour être heureux, et que si seulement nous pouvions apprendre ce truc, nous serions heureux pour le restant de nos jours. Des éditeurs font fortune avec des livres qui exploitent cette idée. Le problème, c'est que notre bonheur semble aussi arbitraire et illogique que le temps qu'il fait. Nous ne savons vraiment pas pourquoi le bonheur soudain se manifeste, ni pourquoi il s'évanouit tout aussi soudainement. Avec son ironie typique, Kierkegaard donne un compte rendu personnel de sa propre expérience d'un bonheur fugace dans un passage de *La Reprise* :

> *Quiconque a examiné la question à fond m'accordera qu'il n'est jamais permis à l'homme d'être absolument content, de toutes les manières, pas même une pauvre demi-heure dans toute la vie. Inutile de dire que, pour cela, il faut un peu plus que la nourriture et le vêtement. Une fois, j'ai approché cet état de bien près. Un matin, je me levai avec un extraordinaire sentiment de bien-être. Contre toute analogie, cette euphorie alla croissant au cours de la matinée ; à une heure exactement, j'étais parvenu au suprême degré et pressentais le maximum vertigineux qu'il n'est pas possible de mesurer à l'échelle de quelque félicité, pas même au thermomètre de la poésie. Mon corps avait perdu de sa pesanteur ; il me semblait l'avoir dépouillé, car toute fonction jouissait d'une satisfaction complète ; chaque nerf se délectait en lui et à l'unisson de l'ensemble, et chaque battement du cœur ne témoignait de l'inquiétude de l'organisme que pour rappeler et rendre sensibles les délices de l'instant. Je marchais en planant, non comme l'oiseau qui s'envole, fend l'air et quitte la terre, mais comme le vent ondulant sur les moissons, comme la vague langoureuse sur la mer, comme le nuage qui glisse en rêvant. Mon être était transparent comme l'abîme profond des flots, comme le silence paisible de la nuit, comme le calme monocorde de midi. Tout sentiment reposait en mon âme avec une résonance mélodieuse. Chaque pensée s'offrait, chaque pensée se présentait avec la solennité de la béatitude, l'évocation saugrenue non moins que l'idée la plus riche. Chaque impression était pressentie avant de se présenter et veillait ainsi en moi-même. Le monde entier semblait m'aimer, tout tressaillait dans un commerce fécond avec mon être ; tout en moi était*

présage, toute énigme se résolvait dans la félicité de mon microcosme où tout s'expliquait en soi, même les choses déplaisantes, la remarque la plus importune, la vue de ce qui répugne, la collision la plus fatale. Je l'ai dit, à une heure précise, j'étais au comble de cet état où déjà je pressentais la félicité suprême, quand tout à coup quelque chose se mit à me gratter dans un œil, cil, flocon, grain de poussière, je ne sais, mais ce que je sais, c'est qu'au même instant je fus précipité dans un abîme de désespoir. Me comprendra quiconque s'est élevé à ces hauteurs où j'étais, occupant alors son esprit de la question de principe de savoir dans quelle mesure le contentement absolu peut être atteint. Depuis ce temps, j'ai abandonné tout espoir de jamais me trouver content absolument et de toutes les manières ; j'ai perdu l'espoir une fois caressé, non de l'être en tout temps, mais pourtant de simples instants, fussent ces instants réduits à un nombre tel que « l'arithmétique d'un aubergiste suffit à les totaliser », comme dit Shakespeare.*

La Reprise, 1843

Pas aussi souvent, probablement, que nous le souhaiterions, nous connaissons tous de ces instants de félicité. Et bien sûr, Kierkegaard n'entend pas nous voir compatir alors que son heure est passée. Plutôt que sur cette manifestation de bonheur spontané, il veut attirer notre attention sur une autre expérience de bonheur, radicalement différente : le bonheur attaché aux souvenirs du passé, qui nous fait penser que nous savons pourquoi nous étions heureux, et nous livrer à une tentative de recouvrer ce bonheur en recréant les circonstances de cette situation antérieure. Souvent ce sera parce que nous sommes mécontents des circonstances actuelles de notre vie. Nous n'avons pas décroché le travail que nous voulions ; notre mariage bat de l'aile ; nous avons du mal à payer nos factures ; nous vieillissons et notre santé se détériore – ou bien ce peut être parce que nous sommes malheureux ou inquiets ou coupables de quelque chose que nous avons fait au-

* *Troilus et Cressida*, acte I, scène 2. Kierkegaard a traduit ici en danois une traduction allemande de Shakespeare.

trefois, de la façon dont nous avons traité quelqu'un, et que nous voudrions pouvoir revenir en arrière et changer les choses. Toute sa vie Kierkegaard fut aux prises avec la pensée d'avoir maltraité sa jeune fiancée Régine Olsen, et cette lutte lui faisait voir avec une parfaite lucidité la futilité qu'il y a à croire qu'on peut revenir en arrière. La plus minutieuse et la plus scrupuleuse des tentatives pour recréer les circonstances d'un bonheur passé – la même maison, la même rue, le même visage à la fenêtre – se soldera par un échec. Il décrit ici un voyage qu'il fit à Berlin afin de revivre des plaisirs passés :

> *Comme je m'étais assez longtemps occupé, à l'occasion du moins, de ce problème : « La reprise est-elle possible ? Que signifie-t-elle ? Une chose gagne-t-elle ou perd-elle à être répétée ? », cette idée me vint soudain : va donc à Berlin où tu as été une fois déjà et tu verras bien si une reprise est possible et quel sens elle a...*
> *... J'en viens à dire quelques mots du voyage de découverte que j'entrepris pour voir si la reprise est possible, et quel sens elle a. À l'insu de tous (pour empêcher les bavardages de toute sorte de me rendre inapte à l'expérience et de me dégoûter par ailleurs de la reprise), je pris le vapeur jusqu'à Stralsund et là, la diligence de Berlin. Les connaisseurs discutent pour savoir quelle est la meilleure place d'une diligence ; pour moi, elles sont toutes également détestables. À mon premier voyage, j'avais un coin fenêtre dans le sens de la marche au fond de la voiture (certains en font cas comme du gros lot) ; mais je fus si bien secoué pendant trente-six heures qu'en arrivant à Hambourg, non seulement j'avais perdu la tête mais encore je ne sentais plus mes pieds. Mes six compagnons et moi, nous fûmes si bien pétris pendant ces trente-six heures que nous ne formions plus qu'un seul corps, et j'eus une idée de l'aventure des gens de Mols* incapables de reconnaître leurs jambes quand ils sont restés longtemps assis ensemble. Pour devenir, du moins si c'était possible, membre d'un corps plus petit, je pris cette fois une place dans le coupé**, sur le*

* Presqu'île du Jutland, au nord-est de Aarhus, dont les habitants passaient pour particulièrement stupides.

** Il s'agit du compartiment antérieur, protégé par la capote, de la diligence.

devant de la diligence. C'était un changement : mais tout se répéta. Le postillon corna, je fermai les yeux, je m'abandonnai au désespoir et je songeai comme d'habitude en pareille occurrence : « Dieu sait si tu y survivras, si tu arriveras vraiment à Berlin et si tu redeviendras alors jamais homme à recouvrer ta simplicité élémentaire, ou si tu garderas le souvenir d'être un membre d'un plus vaste corps. »
J'arrivai à Berlin. Sans perdre de temps je me rendis à mon ancien logement pour me convaincre de la possibilité d'une reprise.

La Reprise, 1843

Première entorse au scénario, première déception, son propriétaire est maintenant marié et occupe la chambre qu'il louait jadis, l'obligeant à s'accommoder d'une autre. Afin d'augmenter la probabilité de voir la reprise se déployer, il va au théâtre assister à la représentation d'une pièce qu'il a déjà vue. Cela semble prometteur. Et pourtant, comme il le découvre, parfois la reprise obtenue n'est pas la reprise attendue :

Der Talisman *était à l'affiche du Königstädter Theater ; j'en gardais un souvenir aussi vivant que si j'en sortais. Je m'y précipitai. Pas de loge individuelle cette fois (...) et je me trouvai au milieu de gens qui ne savaient pas exactement s'ils devaient se divertir ou s'ennuyer, parfaits spécimens de la compagnie assommante. (...) Au bout d'une demi-heure, n'y tenant plus, je quittai le théâtre : « Il n'y a pas ombre de reprise », me dis-je. (...) J'allai au café où, la fois précédente, je me rendais chaque jour. (...) Peut-être était-il aussi bon que naguère ; on aurait pu le croire ; mais je n'y trouvai pas de goût.*
Le soir j'allai au restaurant que j'avais coutume de fréquenter lors de ma précédente visite et que j'appréciais, sans doute par la force de l'habitude. J'y venais chaque soir, je connaissais les us et coutumes du lieu dans leurs moindres détails ; je savais l'heure où les premiers hôtes se levaient de table, leurs saluts fraternels à la compagnie ; je savais s'ils mettaient leurs chapeaux dans la seconde ou dans la première salle, avant d'ouvrir la porte ou le seuil franchi. Rien ne m'échappait ; comme Proserpine, j'arrachais un cheveu de chaque tête, même les*

* Selon Virgile (*Énéide* IV, 697), Didon ne pouvait mourir avant que Proserpine ne lui eût arraché un cheveu.

chauves. – Je vis exactement les mêmes choses ; j'entendis les mêmes plaisanteries, les mêmes politesses, les mêmes paroles d'amitié ; le lieu n'était en rien changé ; bref, je retrouvai le même dans le même. Salomon dit que les querelles d'une femme sont comme les gouttes tombant du toit : qu'aurait-il pensé de ce « Stilleben » [cette nature morte] ! Chose terrible, une reprise était ici possible !*

Je revins à Königstädter Theater le lendemain soir. La seule chose qui se répéta fut l'impossibilité d'une reprise. Unter den Linden**, *j'essayai en vain de diriger mes pas de divers côtés. La petite danseuse avait perdu le charme de sa grâce naissante qui m'avait naguère enchanté. L'aveugle de la porte de Brandebourg, mon joueur de harpe – j'étais bien le seul à me soucier de lui – portait un manteau gris au lieu du pardessus vert clair qui me faisait rêver et qui le faisait ressembler à un saule pleureur ; il était perdu pour moi (...).*

Quand ces expériences se furent répétées quelques jours, la reprise m'emplit d'une telle amertume et m'inspira un tel dégoût que je résolus de rentrer chez moi. Sans être sensationnelle, ma découverte avait pourtant son prix : j'avais trouvé que la reprise est un leurre, et je m'en étais assuré en me le faisant répéter par tous les moyens.

*Je n'avais plus d'espoir qu'en mon chez-moi. Justin Kerner*** parle quelque part d'un homme qui, fatigué du foyer, fit seller son cheval pour courir le vaste monde. Mais après un bout de chemin, sa monture le mit par terre. Cette culbute eut un effet décisif ; tandis qu'il se retournait pour remonter en selle, ses yeux tombèrent encore une fois sur la maison qu'il voulait abandonner et, merveille ! elle était si belle qu'il fit sur-le-champ demi-tour. Chez moi, du moins, j'étais à peu près sûr de trouver toutes choses prêtes pour la reprise. J'ai toujours eu une grande répugnance pour toutes sortes de bouleversements, et je vais si loin dans cet ordre d'idées que j'ai en horreur tous les nettoyages possibles, principalement celui de la maison à l'eau de savon. J'avais donc laissé les ordres les plus stricts pour qu'on respectât mes principes conservateurs même en mon absence. Mais que n'arrive-t-il pas ? Mon fidèle domestique était d'un autre avis. Il comptait qu'en commençant son remue-ménage dès mon départ, il aurait fini à mon retour, et il est bien homme à tout ranger dans l'ordre le plus*

* Voir Pr 19,13.

** La grande et brillante allée de Berlin, bordée de palais, d'hôtels et de magasins, où l'on se promenait « sous les tilleuls ».

*** Justinus Kerner (1786-1862), médecin et poète romantique allemand.

méticuleux... J'arrive, je sonne, il ouvre. Ce fut un instant d'ahurissement. Il devint pâle comme un mort et je vis par la porte entrebâillée l'horreur de l'appartement où tout était sens dessus dessous. J'étais pétrifié. Dans sa stupéfaction, mon domestique ne savait que faire ; sa mauvaise conscience lui adressait des reproches et... il me ferma la porte au nez. C'en était trop ; ma déconvenue était au comble, et mes principes, par terre. Je redoutai le pire. (...) Je connus qu'il n'y a pas de reprise ; ma précédente conception de la vie avait triomphé...

... Il se passa quelque temps ; mon domestique avait réparé le désordre dont il s'était rendu coupable ; la monotonie et l'uniformité régnaient dans ma maison. Tout ce qui ne pouvait marcher se trouvait à sa place précise, et tout ce qui le pouvait suivait son cours accoutumé : ma pendule, mon domestique et moi, qui arpentais le parquet à pas mesurés. J'avais acquis la certitude qu'il n'y a pas de reprise, mais il n'en restait pas moins toujours vrai que la constance dans les habitudes jointe à l'inaction des facultés d'observation risque de produire une monotonie dont la puissance d'engourdissement dépasse de beaucoup celle des distractions les plus capricieuses et qui prend avec le temps une force croissante semblable à celle d'une formule magique.

La Reprise, 1843

Kierkegaard ne se lasse pas de nous rappeler les périls auxquels on s'expose à trop vouloir contrôler sa vie, à prétendre échapper à ses caprices et à ses surprises en la transformant en une routine immuable et rassurante. S'inspirant du véritable théâtre auquel s'apparente le service danois des postes, il suggère plaisamment une solution personnelle et surréaliste au problème qui nous occupe :

Vive le cor du postillon ! C'est mon instrument, pour bien des raisons, et surtout parce que l'on n'est jamais sûr d'en tirer deux fois le même son. Ses possibilités sont infinies ; celui qui le porte à sa bouche pour y déverser son savoir ne se rendra jamais coupable de reprise, et celui qui, pour toute réponse à son ami, lui présente un cor de postillon pour en user à son aise ne souffle mot, sans doute, mais explique tout. Honneur à cet instrument ! J'en fais mon symbole. Les vieux ascètes mettaient sur leur table une tête de mort dont la vue alimentait leurs méditations : de même, le cor du postillon sur la mienne me rappellera toujours le sens de la vie. Vive le cor du postillon ! Mais le voyage ne vaut pas la peine ; inutile de se déplacer pour se convaincre qu'il n'y a pas de reprise. Non ; qu'on reste tranquillement dans sa chambre, puisque tout est vanité et passe, et l'on voyagera encore plus vite qu'en chemin de fer, sans bouger de place. Tout doit me le rappeler : mon domestique portera la livrée des postes et je n'irai pas à un dîner en ville sans prendre la poste. Adieu ! Adieu ! riche espérance de la jeunesse, pourquoi cours-tu si vite ? Ce que tu poursuis n'existe pas, et toi, tu n'existes pas davantage ! Adieu, virile énergie ! Pourquoi frappes-tu le sol d'un pas si assuré ; ce que tu foules, c'est une illusion ! Adieu, projet victorieux : tu atteins le but, sans doute, puisque tu ne peux prendre avec toi l'action sans te retourner, ce que tu ne peux ! Adieu, forêt pleine de charme : quand j'ai voulu te voir, tu étais déjà flétrie ! Cours, fleuve empressé, toi le seul qui saches vraiment ce que tu veux, couler seulement, et te perdre dans la mer jamais remplie ! Poursuis, drame de la vie que nul ne peut appeler comédie, et nul, tragédie, parce que nul n'en voit la fin ! Poursuis, drame du monde, où la vie n'est pas plus rendue que l'argent ! Pourquoi personne n'est-il jamais revenu de chez les morts ? Parce que la vie ne sait pas captiver comme la mort, parce que la vie ne possède pas la persuasion comme la mort. Oui, la vie persuade à merveille, pourvu qu'on lui laisse la parole sans répliquer : alors elle convainc instantanément, et jamais personne n'a eu un mot à lui objecter ou n'a soupiré après l'éloquence de la vie.

La Reprise, 1843

L'idée de « reprise » est chez Kierkegaard plus qu'un simple rejet du désir de vivre dans le passé, que ce soit en s'abandonnant au souvenir ou en recréant les conditions physiques de circonstances jadis familières. Il utilise le mot dans ce sens philosophique spécial qui veut que si nous mettons simplement notre confiance dans le déroulement impromptu de la vie (ou dans l'infini des possibilités de la Providence), alors nous n'avons plus aucune raison de préférer le passé ; les choses les plus inattendues peuvent parfaitement nous arriver dans quelques secondes.

V. POURQUOI NOUS DEVRIONS CULTIVER L'INSATISFACTION

La plupart d'entre nous estimons qu'être insatisfait de soi ou de sa vie est chose funeste. Après tout, ce n'est pas confortable. Kierkegaard méprisait le confort – le confort intellectuel ou moral ; il goûtait assez le confort physique que lui procurait la fortune dont il avait hérité. Il jugeait naturel l'inconfort mental, et même stimulant et bénéfique. Étant donné son éducation, la Bible lui servait d'ouvrage de référence pour répondre à toutes les questions existentielles imaginables que la vie peut nous poser. Cela a aussi eu l'avantage de le rendre accessible au plus grand nombre de ses contemporains, grâce à ce cadre de référence partagé. Dans son Danemark natal, il se mit en colère contre les manœuvres des pasteurs qui étaient parvenus à rendre la lecture de la Bible une entreprise sans risque. Il voulait décider les gens à prendre leur vie intellectuelle et morale au sérieux, à être courageux en se montrant exigeants avec eux-mêmes. Encore un moyen de nous éveiller, de nous pousser à nous interroger sur la légitimité des sages professionnels parmi nous, hommes ou femmes, fussent-ils pasteurs ou psychiatres. *Ne vous bornez pas à accepter les experts – éprouvez-les :*

> *Une doctrine téméraire prétend introduire dans le monde de l'esprit cette même loi de l'indifférence sous laquelle gémit le monde extérieur. Il suffit, pense-t-elle, de savoir ce qui est grand, sans nul besoin d'autre labeur. Aussi ne reçoit-elle pas de pain, elle meurt d'inanition en voyant toutes choses se changer en or. Et que sait-elle, d'ailleurs ? En Grèce, des milliers de contemporains, et dans la postérité des multitudes innombrables ont connu les triomphes de Miltiade, mais il n'y en eut qu'un seul pour en perdre le sommeil*. Des générations sans nombre ont su par cœur et mot à mot l'histoire d'Abraham ; mais combien d'hommes a-t-elle livrés à l'insomnie ?*

* Thémistocle.

*Elle a cette vertu singulière d'être toujours magnifique, si pauvrement qu'on la comprenne, à condition encore ici qu'on veuille travailler et se donner de la peine**. *Mais l'on prétend en avoir l'intelligence sans labeur. On parle à la gloire d'Abraham, mais comment ? On caractérise toute sa conduite d'un mot très général : « Il fut grand d'aimer Dieu au point de lui sacrifier le meilleur de ce qu'il possédait. » Sans aucun doute ; mais ce « meilleur » est bien vague. Au cours de la pensée, ou durant le discours, on identifie avec assurance Isaac et le meilleur, de sorte que celui qui médite peut fumer tranquillement sa pipe tout en réfléchissant, et que celui qui écoute peut, à son aise, se dégourdir les jambes. Si le jeune homme riche*** *que Jésus rencontra en chemin avait vendu tous ses biens et en avait distribué l'argent aux pauvres, nous louerions sa conduite comme toute grande action, encore que nous ne le comprendrions pas sans travailler ; cependant, il ne serait pas devenu un Abraham pour avoir sacrifié son bien le meilleur. Ce qu'on omet dans l'histoire d'Abraham, c'est l'angoisse. Car si je n'ai pas d'obligation morale envers l'argent, le père est lié par la plus noble et la plus sacrée envers son fils. Mais l'angoisse est dangereuse pour les douillets ; aussi la passe-t-on sous silence ; néanmoins, l'on prétend parler d'Abraham. On pérore et, tout en discourant, l'on alterne les deux mots d'Isaac et de meilleur ; tout va à merveille. Mais si parmi les auditeurs il en est qui souffrent d'insomnie, on frise alors le tragicomique du malentendu le plus profond et le plus effroyable. Notre homme rentre chez lui, désireux d'imiter Abraham ; son fils n'est-il pas son meilleur bien ? Si l'orateur l'apprend, il accourt sans doute, rassemble toute sa dignité de pasteur et s'écrie : « Homme abject, rebut de la société ! Quel démon te possède et te pousse à tuer ton fils ! » Et ce pasteur, que son sermon sur Abraham n'a guère échauffé ni mis en nage, s'étonne de son pouvoir et de la juste colère avec laquelle il a frappé de ses foudres le pauvre homme ; il est content de lui-même, car jamais il n'a parlé avec cette force et cette onction ; il se dit, et répète à sa femme : « J'ai le don de la parole ; seule l'occasion m'a manqué jusqu'ici ; dimanche, quand j'ai prêché sur Abraham, je ne me sentais pas du tout empoigné par mon sujet. » Si ce prédicateur avait un petit reste de raison à perdre, je pense qu'il le perdrait lorsque le pécheur lui répondrait avec calme*

* Matth., XI, 28.

** Matth., XIX, 16 sq.

et dignité : « Mais c'est ce que tu nous as dit toi-même dimanche dans ton prêche. » Comment d'ailleurs le pasteur aurait-il pu s'imaginer pareille chose ? Il n'y avait pourtant là rien de surprenant ; sa seule faute était de n'avoir pas su ce qu'il disait. Comment ne se trouve-t-il pas de poète pour adopter résolument des situations de ce genre, au lieu des balivernes dont comédies et romans sont farcis ! Ici, le tragique et le comique se rejoignent dans l'infini absolu...

... Comment expliquer une contradiction comme celle de notre prédicateur ? Dira-t-on qu'Abraham a acquis par prescription le titre de grand homme, de sorte qu'un acte comme le sien est noble, accompli par lui, mais constitue un péché révoltant, accompli par un autre ? Dans ce cas, je n'ai pas envie de souscrire à un éloge aussi absurde. Si la foi ne peut sanctifier le fait de vouloir tuer son fils, Abraham tombe sous le même jugement que tout le monde.

Crainte et Tremblement, 1843

Kierkegaard touche ici du doigt le cœur du problème : l'importance de penser avec courage pour quiconque prétend toucher vraiment du doigt le cœur d'un problème – quand bien même cela nous conduit à l'insomnie et à l'insatisfaction touchant les vérités reçues :

Que si l'on n'a pas le courage d'aller jusqu'au bout de sa pensée et de dire qu'Abraham fut un meurtrier, mieux vaut alors acquérir le courage que de perdre son temps en panégyriques immérités. Au point de vue moral, la conduite d'Abraham s'exprime en disant qu'il voulut tuer Isaac, et au point de vue religieux, qu'il voulut le sacrifier. C'est en cette contradiction que réside l'angoisse capable de livrer à l'insomnie, et sans laquelle cependant Abraham n'est pas l'homme qu'il est. Peut-être encore n'a-t-il aucunement fait ce que l'on rapporte ; peut-être son acte, s'expliquant par les mœurs du temps, fut-il tout autre : dans ce cas, laissons le patriarche dans l'oubli ; à quoi bon en effet rappeler le passé qui ne peut devenir un présent ? [...] Quand, en effet, on supprime la foi en la réduisant à zéro, il reste seulement ce fait brutal qu'Abraham voulut tuer son fils, conduite assez facile à imiter par quiconque n'a pas la foi, j'entends la foi qui lui rend le sacrifice difficile.

Pour moi, j'ai le courage d'aller jusqu'au bout d'une idée ; aucune ne m'a fait peur jusqu'à présent, et s'il s'en présentait une pour m'effrayer, j'espère que j'aurais du moins la franchise de dire : « Cette pensée m'effraie, elle soulève en moi de l'inconnu, et je refuse de l'examiner... »

Crainte et Tremblement, 1843

Kierkegaard se penche ici sur une crainte commune, celle que nous ne censurions nos propres pensées. Le simple constat qu'il se montre capable d'identifier ainsi le danger, nous incite à croire que Kierkegaard ne céderait jamais, en fait, à la crainte, ni n'éviterait une pensée inconfortable ou difficile. L'exemple de son courage doit nous servir de leçon, nous devons la garder à l'esprit alors que nous traversons l'existence, avec un peu de chance à moitié éveillés au moins.

VI. NE PAS TROP PENSER

Lorsque le Lévite dépassa ce malheureux qui avait été attaqué par des brigands sur la route de Jéricho à Jérusalem, il avait fort bien pu éprouver, à une certaine distance, qu'il serait beau de secourir un homme qui souffrait. Il avait même pu imaginer combien cette bonne action serait gratifiante, et peut-être, ainsi absorbé dans sa pensée, avait-il ralenti. Mais plus il approchait, plus les difficultés grandissaient : il passa donc. Chevauchant plus vite à présent, pour échapper à la pensée du danger de la route, à la pensée que les brigands pouvaient rôder non loin, et à la pensée que la victime pouvait très facilement le confondre avec les brigands qui l'avaient abandonné gisant là. Si bien qu'il ne fit rien.

Post-scriptum final non-scientifique
aux Miettes philosophiques, 1846

Nous pouvons tous songer à des situations – dilemme, tâche ou obligation –, dont nous nous sommes sortis en obéissant à des raisons que nous avons jugées après coup d'une parfaite logique. Nous parvenons à ignorer que nous nous sommes défilés, que nous nous sommes bornés à trouver une excuse apparemment respectable pour ne pas faire ce que nous avions tout bonnement peur de faire – soit parce que nous avions peur d'échouer, ou parce que nous avions peur de nous démarquer de la foule. L'essai de Kierkegaard intitulé « L'époque actuelle »* est une critique de cette coupable passivité. S'il écrivit « L'époque actuelle » dans les années 1840, les dilemmes qu'il y ébauche sont vrais de tout temps.

L'époque actuelle est par essence raisonnable, réfléchie, sans passion ; elle s'enflamme d'un enthousiasme fugitif et se repose dans une sage indolence.
... Même un candidat au suicide ne se supprime guère aujourd'hui sur un coup de tête ; il pèse si longuement, si mûrement, le pour et le contre de cette démarche qu'il en étouffe de raison : c'est à se de-

* « *L'époque actuelle* » est un sous-titre du chapitre III – « *Que retire-t-on de l'observation de ces deux époques ?* » – de l'essai *Un compte rendu littéraire*, Copenhague, 1846.

mander s'il mérite vraiment le nom de suicidaire ou si ce ne sont pas plutôt les délibérations qui lui ont coûté la vie. Il ne s'agit pas d'un suicide avec préméditation, mais plutôt par préméditation.

Un compte rendu littéraire, « L'Époque actuelle », 1846

Il aperçoit même, dans sa propre époque, ce qui ressemble fort à une préfiguration de notre société de consommation, dans laquelle nous courons le danger constant d'être pacifiés par la télévision, par ce qu'on qualifie de « fatigue compassionnelle », tellement séduits par la qualité des illusions que créent nos médias numériques que nous en vivons des vies presque virtuelles :

Contrairement à la Révolution, époque d'action, notre temps est celui des avertissements et des promulgations diverses : point d'événement, mais l'annonce n'en saurait tarder. Une révolte serait aujourd'hui de toutes choses la plus inconcevable ; pareille manifestation d'énergie *paraîtrait ridicule à une époque judicieusement calculatrice.*

Un compte rendu littéraire, « L'Époque actuelle », 1846

Kierkegaard s'efforce d'exposer les moyens par lesquels nous organisons quotidiennement notre vie pour la rendre sûre et confortable. Il n'y a certes rien de mal à désirer prendre soin de soi et vivre aussi longtemps et aussi confortablement que possible. L'objection de Kierkegaard porte sur la manière malhonnête dont nous *élevons* les pis-aller au rang des meilleures actions et des plus périlleuses, pour mieux y applaudir et nous en congratuler, créant le mythe de nos propres qualités, mythe qui opère par consensus :

Si le trésor convoité par tous se trouvait posé très loin sur une croûte de glace très mince, et donc sous la garde du péril mortel, vigilant à rendre meurtrière la prouesse de qui s'aventurerait si loin, car (admettons ce fait étrange, bien qu'il le soit dans notre image seulement), plus près de la terre, la glace est parfaitement gelée et sûre :

une époque passionnée acclamerait l'homme courageux qui s'y risquerait ; elle tremblerait pour et avec lui dans le péril mortel de la décision ; elle pleurerait sa perte ; elle l'idolâtrerait s'il s'emparait du trésor. À une époque réfléchie et sans passion les choses tourneraient bien autrement. Tous conviendraient raisonnablement, rendant un mutuel hommage à leur prudence réciproque, qu'il ne vaut guère la peine de s'aventurer si loin et que même ce serait déraisonnable et ridicule ; après quoi l'on transformerait une prouesse passionnée *en un* tour d'adresse – *pour faire au moins quelque chose, « car il faut faire quelque chose ». On se rendrait donc sur place. En toute sécurité, la mine experte, on jaugerait le talent des patineurs artistiques qui frôlent presque l'ultime limite (c'est-à-dire vont jusqu'à l'endroit où la glace est encore sûre et le danger encore loin) puis font volte-face. Parmi les patineurs certains, particulièrement habiles, pousseraient même l'adresse jusqu'à prendre, au bord même de l'extrême limite un dernier élan trompeur, mais alarmant, arrachant aux spectateurs un cri : « Grands dieux, mais il est fou, il va y laisser sa peau ! » Seulement : il connaissait son métier assez bien pour pouvoir effectuer un demi-tour aux derniers confins, c'est-à-dire à l'endroit même où la glace était encore tout à fait sûre et en dehors de tout danger. Comme au théâtre, la foule crierait encore bravo et saluerait le héros de ses acclamations ; elle s'en retournerait, faisant cercle autour de l'artiste-héros qu'elle honorerait d'un savoureux festin. La prudence raisonneuse aurait à tel point pris le dessus qu'elle aurait transformé la tâche elle-même en un artifice sans réalité et la réalité en théâtre. Le soir, au banquet, l'admiration battrait son plein. Et tandis que d'ordinaire le propre de l'admiration consiste à édifier l'admirateur par la pensée d'être homme, tout comme à humilier l'esprit éminent en lui montrant qu'il n'a pu lui-même accomplir la prouesse, à l'encourager sur le plan éthique à suivre selon ses moyens l'exemple et l'excellence du modèle, la prudence raisonneuse entend changer ces circonstances propres à l'admiration. Et quand à l'occasion d'un banquet on porte un toast enthousiaste en l'honneur d'un tel, on aura, même à l'instant débordant d'allégresse des fanfares et des neuf hourras, une idée fort raisonnable et sage sur la médiocrité probable de l'exploit tant vanté et l'on pensera qu'au fond cette réception faite en l'honneur d'un tel est l'effet du pur hasard, car chacun des participants pourrait, en s'exerçant tant soit peu à ces revirements trompeurs, réaliser sensiblement la même chose. Bref, au lieu de puiser dans les festivités organisées par les admirateurs un discernement plus ferme et un encouragement au bien, le porteur de toast s'en retournera plutôt chez lui avec une disposition supplémentaire à la maladie de toutes la plus dangereuse, mais aussi la plus distinguée, qui consiste à admirer pour ainsi dire sur commande une chose jugée par nous-mêmes insignifiante ; car le tout est devenu une plaisanterie de théâtre et le clinquant forcé de l'admiration sous-entend à part lui qu'on pourrait autant dire tout aussi bien s'admirer soi-même.*

Un compte rendu littéraire, « L'Époque actuelle », 1846

Nous sommes tous enclins à ce genre d'attitude, désireux d'être loués, désireux de nous glorifier. Kierkegaard, qui a vécu une vie assez sédentaire pour sa part en dépit du choix d'un patineur pour exemple, pensait au manque de courage moral et intellectuel. C'est comme si nous convenions tous de trouver Hamlet extraordinaire quand bien même il n'aurait pas, à la fin, surmonté ses doutes et vengé le meurtre de son père. Kierkegaard nomme l'essentielle hypocrisie de consentir à admirer quelqu'un pour presque rien « le plus dangereux » symptôme de cette « maladie », mais nous pourrions aussi nous reconnaître dans l'attitude légèrement différente qu'il analyse, lorsque cette hypocrisie collective est déplacée ou ne fonctionne pas assez efficacement. C'est la généralisation de la jalousie et du ressentiment à l'égard de la vie.

La tension propre à la réflexion s'érige finalement en principe et de même qu'en une époque passionnée l'enthousiasme *est* le principe unificateur, *de même à une époque dénuée de passion et fortement réfléchie* la jalousie *devient* le principe négativement unificateur. *Toutefois il ne faut pas donner à ces définitions le sens éthique d'une accusation ; non, l'idée de la réflexion, si l'on peut ainsi s'exprimer, est la jalousie qui, par suite, est double : celle, égoïste, de l'individu et celle que lui oppose son entourage.*

Un compte rendu littéraire, « L'Époque actuelle », 1846

Kierkegaard revient ici à un de ses thèmes centraux, l'importance d'être soi-même et en accord avec ses croyances, et de se tenir à ces croyances même si elles vous rendent impopulaire – soit en raison de la nature de ce que vous croyez, ou parce que votre entourage vous fait grief d'avoir le courage de penser en toute indépendance :

> *La jalousie de la réflexion s'exerçant dans l'individu réprime en lui la décision subjective ; et s'il semble sur le point de réussir il est alors bloqué par l'entourage qui lui oppose la résistance de sa réflexion. La jalousie de la réflexion emprisonne en quelque sorte la volonté et l'énergie. Il faut donc, d'abord, que l'individu force la prison où le retient sa propre réflexion ; or, quand il y est parvenu, il n'a pas sa pleine liberté, mais reste encore enfermé dans la grande enceinte carcérale que forme la réflexion de son entourage et, en vertu de son rapport de réflexion propre, conserve avec ce dernier un rapport dont seule l'intériorité religieuse peut l'affranchir, quelle que soit sa perspicacité à déceler la fausseté du rapport. Or c'est dans une prison que la réflexion enferme l'individu et le temps ; c'est la réflexion elle-même qui le fait, et non pas les tyrans et la police secrète ni les prêtres et les aristocrates : mais à de telles vues la réflexion s'oppose de toutes ses forces en même temps qu'elle nourrit la flatteuse illusion que la possibilité de la réflexion est autrement importante que la mesquine décision. La jalousie égocentrique sous forme de vœu exige trop de l'individu lui-même, lui fait ainsi obstacle et l'empêche de rien faire...*
> *Mais plus on avance dans cette voie, plus la jalousie de la réflexion tend à devenir éthique. L'air confiné produit toujours des toxines et c'est ainsi que la réflexion recluse que n'aère aucune action, aucun événement, développe la condamnable jalousie...*
> *... Plus la réflexion prédomine et tend à développer l'indolence, plus la jalousie devient dangereuse, n'ayant pas le caractère requis pour pendre elle-même conscience de sa propre signification ; mais, par manque de caractère, elle entretient pour le compte de l'inconstance et de la lâcheté un trafic louche avec les circonstances, expliquant la même manifestation des façons les plus différentes, faisant de cette dernière une plaisanterie et, si elle n'y parvient pas, lui donnant l'apparence d'une injure, puis en cas de nouvel échec, l'apparence de rien*

du tout, d'un mot pour rire ; si elle ne réussit toujours pas, elle explique que ce sens n'est pas le bon, puisqu'il s'agit d'une satire éthique dont il faut tenir compte ; puis, ayant encore manqué son but, elle déclare que ce n'était rien et que personne ne doit en tenir compte.

Un compte rendu littéraire, « L'Époque actuelle », 1846

Kierkegaard veut s'assurer que nous préservions nos meilleures qualités et notre courage, et que si nous possédons des convictions et obéissons à des règles de comportement, nous nous efforcions d'y adhérer – chaque instant de chaque heure de chaque jour de chaque année. La plupart d'entre nous, cependant, se contenteraient probablement d'y adhérer « beaucoup plus souvent que pas ».

Il décrit une bagarre de rue à laquelle il a un jour assisté, la présentant comme une illustration des mauvais comportements contagieux dont la tentation n'est jamais si grande que lorsque nous nous trouvons nous-mêmes au milieu de spectateurs qui se transforment en foule :

J'ai assisté, autrefois, à une bagarre où trois hommes maltraitaient honteusement un quatrième. La foule les regardait faire avec indignation ; les murmures désapprobateurs incitent à l'action : alors, se détachant de la foule, on y va à plusieurs, on se jette sur l'un des agresseurs, lui fait mordre poussière, etc. Les vengeurs appliquent la même loi que les agresseurs. Si j'ose me permettre d'y introduire mon humble personne, j'irai jusqu'au bout de l'histoire. Je m'avançai alors et à l'un des vengeurs essayai de démontrer par voie dialectique l'inconséquence de leur acte ; mais il semblait totalement insensible à mes arguments et ne faisait que répéter : « Il l'a bien mérité, cette crapule qui se met à trois contre un ! »

Un compte rendu littéraire, « L'Époque actuelle », 1846

Kierkegaard peut se trouver si absorbé dans sa conversation avec ses propres moi multiples, que parfois on se retrouve comme devant un match de tennis qui opposerait cinq joueurs. On ne sait plus où diriger son attention ; le pendule du regard, gauche-droite-gauche-droite, va se détraquer. Heureusement, il s'arrête à l'occasion pour fournir brièvement, avec une clarté dévastatrice, un énoncé qui ramasse sa pensée. Ainsi pour cet essai :

> *La réflexion n'est pas en elle-même pernicieuse ; ce qui est pernicieux, c'est l'état de réflexion et la stagnation qu'il entraîne. Ils corrompent et mettent en péril parce qu'en offrant la possibilité du retrait, ils font de la retraite une option plus facile.*
>
> *Un compte rendu littéraire, « L'Époque actuelle »*, 1846

VII. QUAND SE TAIRE

L'une des *Pensées profondes* de Jack Handey est celle-ci : « *Si les arbres criaient, pourrions-nous encore les abattre ? Oui, s'ils criaient tout le temps et sans raison.* » Kierkegaard, à sa façon moins surréaliste, a aussi écrit sur les avantages et les inconvénients de notre capacité à communiquer la douleur et la souffrance.

Le monde dans lequel nous vivons aujourd'hui, celui de l'ère numérique, de l'âge de la communication ou quelque étiquette que l'avenir décidera de lui donner, n'est pas, à tout prendre, si différent de celui dans lequel vivait Kierkegaard. Son temps lui semblait aussi verbeux et aussi saturé de mots hasardés que le nôtre nous semble, avec nos réseaux sociaux, nos tweets, notre batterie apparemment infinie de dispositifs destinés à conjurer les horreurs de l'ennui, jusque dans la rue ou à bord d'un bus. Toute l'idée semble être qu'à un moment donné, quel qu'il soit, quelque chose de *mieux* et de *plus intéressant* se passe toujours ailleurs, qui, presque par définition, ne se passe pas où nous sommes. « *Rien ne se passe jamais mais on en fait une publicité immédiate partout* », comme le note Kierkegaard dans « *L'Époque actuelle* ».

Une énorme pression nous pousse à rejoindre cette cacophonie de son numérique et de vent ; nous pouvons même commencer à nous inquiéter d'être jugés, comme personnes, à la quantité de bruit que nous produisons nous-mêmes, que ce soit dans la foule d'un café ou sur Facebook. On tombe facilement dans le piège de croire que si on n'émet pas constamment quelque bruit, alors on n'existe pas vraiment.

Et pourtant nous savons bien que tout ce bruit ne sert pas à communiquer vraiment quoi que ce soit. C'est un autre aspect de notre culture rationnelle que cette conviction que nous devons tout exprimer. De plus en plus, à mesure qu'il s'approchait de la fin de sa courte vie, Kierkegaard en vint à se méfier de la parole et de « l'auto-expression », et à croire qu'un certain silence était le moyen idéal de traverser la vie. Dans un discours intitulé *Les Lis des champs et les Oiseaux du ciel*, il s'efforce d'expliquer pourquoi :

> *Quelle solennité revêtent, sous le ciel de Dieu, les lis des champs et les oiseaux du ciel ! La raison ? Demandez-la au poète, il vous répondra : « Parce qu'ici règne le silence. » Et il aspire à se fondre dans cette solennité silencieuse, loin des mondanités bavardes, loin de cette humanité dont la parole serait toute la pitoyable preuve de sa supériorité sur les animaux. « Quel genre de supériorité est-ce là ? », continuera le poète. « Non, je préfère de loin le silence qui règne ici. Je le préfère sans hésitation. Je le trouve infiniment supérieur à tous les mots des hommes, à tous leurs discours. » Naturellement, dans le silence de la nature, le poète s'applique à entendre la voix du divin. Non seulement cette voix était couverte par les discours affairés des hommes, mais encore il ne ressent aucun lien entre ces hommes et Dieu. Le poète dit : « La parole est un avantage que les hommes ont sur les animaux, c'est possible ; encore faut-il que les hommes sachent garder le silence. »*
>
> *Et voici ce qu'enseignent les lis des champs et les oiseaux du ciel, où règne le silence et où ce silence a quelque chose de divin. Le silence règne ici, et pas seulement au crépuscule quand tout se tait et dans le silence de la nuit, mais aussi tout au long du jour : quand mille brins vibrent et que toutes choses font se lever une mer de sons, le silence règne encore. Chaque infime partie du tout avec le tout se concertent si bien que rien ne vient rompre le silence solennel. Ici règne le silence. La forêt est silencieuse. Murmure-t-elle, qu'elle garde encore le silence. Parce que les arbres, jusqu'en leurs implantations les plus denses, font ce que les hommes font rarement, en dépit de leurs promesses – ils gardent leurs mutuels secrets : cela restera entre nous. La mer est silencieuse ; démontée et écumante, elle est encore silencieuse. Au début, on peut mal entendre, c'est-à-dire entendre le déchaînement des vagues. Si on se presse et qu'on emporte cette impression, on commet une injustice contre la mer ; mais si on s'attarde et qu'on écoute plus attentivement, chose remarquable, on entend le*

silence. Parce que l'uniformité est silence. Quand le silence du soir descend sur la terre, et que d'une prairie lointaine on entend le mugissement du bétail, ou d'une ferme éloignée l'aboiement familier du chien, ni ce mugissement ni cet aboiement ne dérangent le silence. Ils appartiennent au silence, par un pacte secret, et l'approfondissent.

Examinons maintenant de plus près les lis et les oiseaux, de qui nous nous proposons d'apprendre. L'oiseau est silencieux : il sait, ou plus exactement il a une confiance absolue dans le fait que toutes choses arrivent à l'heure dite, et c'est pourquoi il attend. Pourtant, il sait qu'il ne peut pas connaître l'heure ou le jour, et c'est pourquoi il est silencieux. « Cela arrivera le moment venu », dit l'oiseau ; non, l'oiseau ne dit pas cela, l'oiseau est silencieux. Mais son silence est éloquent, et ce que dit son silence, c'est qu'il croit, et parce qu'il croit, il se tait et attend. Et quand le moment vient, alors l'oiseau silencieux comprend que le moment est venu. Il le met à profit et n'est jamais déçu. La même chose est vraie du lis, il est silencieux et il attend. Il ne demande pas impatiemment : « Quand viendra le printemps ? », sachant qu'il viendra en son temps, sachant quel piètre avantage ce serait pour lui d'être en mesure de décider de la venue des saisons pour son propre compte. Il ne demande pas : « Quand aurons-nous de la pluie ? » ou « Quand le soleil va-t-il se lever ? », ni ne remarque : « Il a trop plu » ou « Le soleil est trop chaud. » Il ne cherche pas à deviner à l'avance ce que l'été réserve cette année, s'il sera court ou long – non, il est silencieux et il attend, dans toute sa simplicité ; il n'est pourtant jamais trompé, parce que seuls les esprits forts peuvent l'être, mais pas les simples, qui eux ne peuvent ni tromper ni être trompés. Alors vient le moment, et le moment venu, le lis silencieux le comprend et le met à profit. Oh vous, savants professeurs de simplicité, n'est-il pas possible de vivre de tels « moments » quand vous parlez ? Non, parce que ces moments ne peuvent se vivre que dans le silence. Par l'acte même de parler, en prononçant un simple mot, on manque le moment. Le moment n'existe que dans le silence. C'est pourquoi l'individu comprend si rarement quand le moment est venu, et comment le mettre à profit : parce qu'il est incapable de garder le silence. Il ne peut se taire et attendre, c'est sûrement la raison pour laquelle le moment n'est jamais venu pour lui ; il ne peut se taire, ce qui explique sûrement pourquoi il n'a pas remarqué le moment quand il est venu pour lui. Parce que le moment, avec son riche bagage de sens, n'adresse pas de signal pour prévenir de son arrivée ;

il vient trop vite pour cela et il n'existe pas de moment préalable qui annonce sa venue. Le moment n'arrive pas non plus, si profond qu'il soit, entouré de vacarme tapageur. Il vient doucement, ses pas sont les plus légers de la création, avec toute la discrétion de l'immédiateté. C'est ainsi qu'il faut un silence complet à celui qui veut ressentir sa présence : « Il est maintenant ici. » Et l'instant d'après il est parti, raison pour laquelle il faut un silence absolu si on prétend le mettre à profit. Tout dépend du « moment ». Et c'est la tragédie de tant de vies, que de n'avoir jamais senti « le moment », et que dans ces vies l'éternel et le temporel furent toujours séparés. Et pourquoi ? Parce qu'ils ne surent pas faire silence.

Les Lis des champs et les Oiseaux du ciel, 1849

Le raisonnement de Kierkegaard fait l'éloge du silence à la fois comme étant propice à une extase méditative et comme constituant la meilleure réponse à la souffrance. Alors qu'il nous paraît naturel de verbaliser nos plaintes quand les choses vont mal pour quelque raison, Kierkegaard suggère qu'en fait, parler de nos épreuves et de nos tourments a l'effet probable de les magnifier et de les aggraver plutôt que de les adoucir. Une fois encore, il nous invite à envisager la possibilité d'une réponse stoïque s'inspirant de celle de l'oiseau et du lis, qui fasse que nos ennuis ne nous paraissent jamais plus grands qu'ils ne sont, et qu'avec un peu de chance ils disparaissent dans le cours naturel du temps sans aucune intervention de notre part :

L'oiseau se tait et souffre. Peu importe combien son cœur saigne, il se tait. Même les tristes lamentations du désert et des étendues sauvages cessent. Il soupire trois fois, puis se tait, puis soupire trois fois encore. Mais la plupart du temps, il est silencieux. Il ne dit pas pourquoi, il ne se plaint pas, il ne blâme personne, il soupire et une fois encore se tait. Cependant, c'est comme si le silence pouvait le faire exploser, et c'est pourquoi il doit soupirer, pour garder le silence. L'oiseau n'est pas dispensé de souffrir, mais l'oiseau silencieux se dispense ainsi de ce qui rend la souffrance plus difficile à supporter, l'incompréhension des autres et leur participation intem-

pestive ; parce que tout le bavardage autour de la douleur fait durer la douleur ; parce que les péchés que sont l'abandon au chagrin et l'impatience font de la douleur quelque chose de pire que la douleur. Et n'allez pas imaginer qu'il s'agisse de quelque fausse modestie de la part de l'oiseau, alors que s'il peut se taire en présence des autres, il n'est pas, au tréfonds de lui, silencieux, et se lamente plutôt contre l'État, Dieu et les gens... Non, l'oiseau se tait et souffre. Ah, mais les gens ne l'imitent pas. Et pourquoi donc se fait-il que la douleur humaine paraisse si terrible en comparaison de celle de l'oiseau ? Ce n'est pas, sans doute, parce que l'homme sait parler ? Non, ce n'est pas la raison – c'est en fait un avantage. La raison est que l'homme est incapable de se taire. Les choses ne vont pas comme les impatients ou, plus véhémentement encore, les désespérés, semblent le penser quand ils s'écrient : « Si seulement j'avais une voix de tempête pour exprimer à sa juste mesure toute la douleur que je ressens ! » Hélas, ce serait un mauvais expédient qui ne ferait que déboucher sur une amplification de l'expression de la douleur. Alors que si vous pouviez garder le silence, si vous pouviez égaler le silence de l'oiseau, votre douleur serait moindre.

Et le lis, comme l'oiseau, est silencieux aussi. Il garde le silence alors qu'il fleurit et se fane. Enfant innocent qu'il est, il ne sait pas dissimuler. Il n'y est pas non plus tenu, et il est heureux qu'il ne le puisse pas, parce que l'artifice se paie cher. Il ne peut dissimuler, ne peut retenir ses couleurs qui ainsi trahissent ce que l'on devine déjà à sa pâleur déclinante – qu'il souffre. Il se tait. Il aspirerait sans doute à se maintenir droit pour cacher le fait qu'il souffre, mais il n'en a pas la force, ce pouvoir sur lui-même lui fait défaut. Sa tête ploie sous la fatigue et le passant comprend – à supposer qu'il se trouve un passant doué d'assez d'empathie pour seulement s'en apercevoir ! – le passant comprend ce que cela signifie, c'est assez éloquent. Mais le lis se tait.

Ainsi en va-t-il du lis. Mais alors, pourquoi la douleur humaine paraît-elle si effrayante en comparaison de celle du lis ? Ce n'est pas, sans doute, parce que l'homme sait parler ? Si le lis pouvait parler et si, pour son malheur, à l'instar des hommes il n'avait pas appris l'art de se taire, sa souffrance ne paraîtrait-elle pas alors effrayante ? Mais le lis se tait. Pour le lis, souffrir c'est souffrir, ni plus, ni moins. Et c'est seulement alors, quand souffrir n'est ni plus ni moins que souffrir, que la souffrance devient simple, précise et aussi légère que possible. Parce que la souffrance ne peut être moindre, dans la mesure où elle existe et qu'elle est ce qu'elle est. Mais la souffrance qui n'est plus de la souffrance pure, ni plus ni moins que ce qu'elle est, peut devenir infiniment plus aiguë. Quand la souffrance n'est ni plus ni moins que ce qu'elle est exactement, alors elle reste bornée. Peu importe que la souffrance soit grande, elle demeure la moins grande possible. Mais quand l'étendue de la souffrance manque de précision, la souffrance est bien plus aiguë, précisément à cause de ce manque de précision. Et ce manque de précision découle précisément de ce don ambivalent qu'est la parole humaine. Une souffrance précise, cependant, qui n'est ni plus ni moins que ce qu'elle est, ne s'obtient qu'en sachant garder le silence. Ce silence, vous pouvez l'apprendre de l'oiseau et du lis.

Les Lis des champs et les Oiseaux du ciel, 1849

Sans surprise, l'un des héros de l'Ancien Testament de Kierkegaard était Job, dont l'expérience de la souffrance et les réponses qu'il lui opposa ne cessèrent de fasciner le philosophe et de l'instruire tout au long de sa vie. Comme tant de ses suggestions, celle de supporter nos maux en silence est difficile à vivre, elle va à l'encontre d'une psychologie de bon sens qui, du confessionnal des catholiques au divan du psychanalyste, tient qu'un malheur partagé est littéralement réduit de moitié. La plupart d'entre nous, en tout cas, ne sommes pas disposés à renoncer au confort très humain de nous décharger sur quelqu'un en qui nous avons confiance quand nous traversons seuls une passe difficile. Mais se plaindre peut devenir une habitude d'esprit, et si tout ce que nous retirons de Kierkegaard ici, c'est l'importance de se rappeler la différence qui existe entre la gêne et la souffrance, et que personne n'apprécie les râleurs de toute façon, alors nous aurons tiré le meilleur qu'on pouvait espérer de cette leçon.

VIII. COMMENT FAIRE FACE AU DÉSESPOIR

Beaucoup de guides de bien-être ont pour thème le pouvoir de la pensée positive ; on nous dit de ne pas céder à la négativité, au pessimisme, au désespoir. Quiconque vient d'un monde dans lequel cette positivité implacable et cet optimisme sont vénérés comme les clés d'une bonne vie, sera grandement surpris s'il se tourne vers Kierkegaard pour savoir ce qu'il a à dire sur le sujet – et en particulier par son enthousiasme déconcertant pour le désespoir. La plupart d'entre nous connaissons de ces moments où le monde nous paraît s'écrouler pour nous ; dans ce sombre état, il est de fait difficile de s'entendre conseiller de « penser positivement », de « remonter ses chaussettes », de « sortir et rencontrer des gens » et ainsi de suite. Il est aisé de prodiguer de tels conseils, ils paraissent prometteurs imprimés sur le papier ; mais dans le monde réel du vrai désespoir, ils ont rarement le pouvoir de rien changer.

Comment donc devrions-nous faire face au désespoir ? Devrions-nous tenter de le combattre ? Devrions-nous nous mettre à boire et espérer qu'il aura disparu au moment où nous cesserons de nous enivrer ? Prétendre qu'il n'existe pas ? Nous en évader ?

Ou devrions-nous nous en approcher, nous élancer et l'embrasser ?

Étonnamment, c'est le conseil que nous donne Kierkegaard. Comme tant de ses conseils, celui-ci ne laisse pas de paraître étrange : pourquoi voudrait-on embrasser le désespoir ? Il faut ici prendre conscience que Kierkegaard emploie le langage et les mots d'une manière particulière et toute personnelle. Il écrit à la manière d'un poète, parce qu'il nous invite à regarder derrière le sens apparent pour découvrir la signification plus profonde qu'il recèle. C'était une de ses grandes certitudes que cette approche socratique était le meilleur moyen non seulement de nous amener à le comprendre, mais aussi de nous amener à nous comprendre nous-mêmes. C'est un autre aspect de la « communication indirecte » que nous avons déjà rencontrée, cette foi qui nous oblige à faire comme si nous en savions moins que nous n'en savons effectivement, et même à faire comme si nous ne savions rien du tout alors que nous sommes en quête de réponses à nos questions. Kierkegaard mêle le paradoxe à l'ironie et l'ironie à l'hyperbole, jusqu'à ce que nous ne sachions plus à quel saint nous vouer ; tout ce que nous savons, c'est qu'il a quelque chose d'important à l'esprit, et que tôt ou tard il nous le révèlera :

> *Que va-t-il arriver ? Que réserve l'avenir ? Je l'ignore, je n'ai aucun pressentiment. Quand, d'un point fixe, une araignée se précipite et s'abandonne aux conséquences, elle voit toujours devant elle un espace vide où, malgré ses bonds, elle ne peut se poser. Ainsi de moi : devant moi, toujours un espace vide ; ce qui me pousse en avant, c'est une conséquence située derrière moi. Cette vie est le monde renversé ; elle est cruelle et insupportable.*
> *Nul ne revient de chez les morts. Nul n'est venu au monde sans pleurer ; nul ne vous demande quand vous voulez y entrer, nul ne vous demande quand vous voulez en sortir.*
> *Que la vie est insignifiante et vide ! – On enterre un homme, on l'accompagne au cimetière, on jette sur lui trois pelletées de terre ; on part de chez soi en voiture, on revient en voiture ; on se console à la perspective d'une longue vie. Quelle longueur de temps font sept fois dix ans ? Pourquoi n'en finit-on pas une bonne fois, pourquoi ne pas rester là-bas et descendre aussi dans la tombe ; pourquoi ne pas tirer au sort à qui incombera le malheur d'être le dernier vivant qui jette les trois dernières pelletées de terre sur le dernier mort ?*
>
> *Ou bien... ou bien, Diapsalmata*, 1843

Dans *La Maladie à la mort*, Kierkegaard fournit une réponse très étonnante et très personnelle à la question de savoir pourquoi ne pas mourir simplement et s'y résoudre :

> *Tout est possible à Dieu : tel est le point décisif ; éternellement vrai, il l'est à tout moment. On emploie bien ce mot dans la conversation courante, et c'est dans la conversation courante que l'on s'exprime ainsi mais il ne prend de valeur décisive que lorsqu'on est réduit à la dernière extrémité et qu'on ne voit plus de possibilité humaine. Il s'agit alors de savoir si l'on veut croire que tout est possible à Dieu, c'est-à-dire, si l'on veut* croire. *Mais cela équivaut tout à fait à perdre la raison ; croire, c'est justement perdre la raison pour gagner Dieu. Supposons le cas suivant. Imaginons un homme qui, avec tout l'effroi d'une imagination terrifiée, s'est représenté tel ou tel sujet d'épouvante comme absolument impossible à supporter. Et cette chose précisément lui arrive. À vues humaines, rien de plus certain que sa perte – et son âme en proie au désespoir lutte désespérément pour avoir le droit de désespérer et, si l'on peut dire, tout loisir de le faire avec tout le consentement de sa personne, si bien que sa plus grande malédiction irait à l'individu ou à la tentative qui s'opposerait au libre cours de son désespoir. (...) Ainsi donc, à vues humaines, rien de plus impossible que le salut ; mais tout est possible à Dieu ! Tel est le combat de* la foi *qui lutte, si l'on veut, comme un dément pour la possibilité. Car la possibilité seule est capable d'apporter la délivrance. Si quelqu'un s'évanouit, on réclame de l'eau, de l'eau de Cologne, de la liqueur d'Hoffmann ; mais quand un homme s'abandonne au désespoir, il convient de dire : « Donnez-lui une possibilité ; trouvez-en une ; c'est la seule voie du salut. » Est-elle donnée : le désespéré retrouve la respiration, reprend vie ; car sans possibilité, l'homme ne peut pas, pour ainsi dire, respirer.*
>
> *La Maladie à la mort*, 1849

Le salut grâce à la possibilité est si étroitement lié à l'idée de Dieu que parfois, à lire Kierkegaard, on a l'impression que la « possibilité » est la définition même qu'il donne de Dieu :

> *L'imagination, dans son ingéniosité, est parfois capable de découvrir une possibilité, mais à la fin, c'est-à-dire quand il s'agit de* croire, *seule apporte un secours la perspective que tout est possible à Dieu.*

Ainsi se déroule le combat. Le lutteur, en combattant de la sorte, est-il voué à la défaite ? Cela dépend uniquement de sa volonté de se procurer de la possibilité, autrement dit, de croire. Et cependant, il comprend qu'à vues humaines rien n'est plus certain que sa perte. (...) Le téméraire se précipite dans le danger dont la possibilité peut être telle ou telle ; se réalise-t-elle, il désespère et succombe. Le croyant *voit et comprend que, sur le plan humain, il y va de sa perte (quoi qu'il arrive ou quoi qu'il ait risqué), mais il croit. C'est pourquoi il ne succombe point. Pour le secours, il s'en remet entièrement à Dieu mais il croit que tout est possible à Dieu. Il est impossible de* croire *à sa perte. Comprendre qu'il s'agit sur le plan humain de sa perte et garder néanmoins foi en la possibilité, c'est croire. Et Dieu secourt aussi le croyant, peut-être en lui épargnant le sujet d'effroi, peut-être en le laissant se produire, de sorte que le secours s'y montre, inattendu, miraculeux, divin. (...) Le secours miraculeux que l'on obtient dépend uniquement de la passion intellectuelle avec laquelle on a compris l'impossibilité de ce secours et en outre, de la droiture dont on fait preuve envers la puissance qui le délivre. Mais les hommes ne connaissent ordinairement ni l'un, ni l'autre ; ils crient que le secours est impossible sans même avoir appliqué leur raison à le trouver ; puis ils mentent, remplis d'ingratitude.*
Le croyant possède l'antidote éternellement infaillible contre le désespoir : la possibilité. Tout est possible à Dieu à chaque instant. C'est ici la santé de la foi qui résout les contradictions.

La Maladie à la mort, 1849

Au cours des deux cents dernières années ou à peu près, nous avons donné au rationalisme tout le caractère d'une religion, si bien qu'il nous serait très facile de faire la sourde oreille à Kierkegaard quand il prétend mêler Dieu à tout cela. Notons pourtant, c'est intéressant, que Kierkegaard, en particulier à la fin de sa vie, était en rébellion tous azimuts contre l'église établie de son Danemark natal. Qu'il insiste avec passion sur « l'intériorité » ou sur la responsabilité qui nous incombe de notre vie spirituelle, il se montre très proche du « christianisme personnel » auquel aspirent tant de gens aujourd'hui. Il voulait si ardemment que chacun pense par soi-même qu'il joua avec l'idée de se passer de la Bible tout à fait :

> *Essentiellement, une réforme qui supprimerait la Bible aurait autant de validité que la Réforme de Luther supprimant le Pape. Toute cette concentration sur la Bible a donné lieu à l'apprentissage de la religiosité et à la théologie de la chicane : un simple divertissement. Un tel degré de connaissance en cette matière s'est, au fil du temps, infiltré jusqu'aux couches les plus basses de la société, que personne ne lit plus la Bible d'une manière humaine. Le préjudice est irréparable. Cette attitude est devenue le refuge des excuses, des faux-fuyants etc., pour esquiver le sens de l'existence. On s'assure d'avoir toujours quelque chose à vérifier d'abord, c'est le sempiternel prétexte qui veut que la connaissance précède l'existence. Ce qui signifie, bien sûr, qu'il n'est jamais temps d'exister.*
>
> *Journaux et Cahiers de notes 1833-1855*,
> publiés à titre posthume

L'idée que quiconque – lui compris – pût s'ériger en expert des questions spirituelles (spécialement les pasteurs et les évêques, qui faisaient payer leur expertise), déplaisait à ce point à Kierkegaard qu'il insista toujours sur le fait que ses livres étaient écrits « sans autorité », et usa même de la formule comme titre pour l'un d'eux* :

> *Il en va avec l'existence comme il en est allé avec mon médecin. Je me plaignais de malaises. Il répondit : « Vous buvez sûrement trop de café et ne marchez pas assez. » Trois semaines après je le consulte à nouveau et dis : « Je ne me sens vraiment pas bien, mais maintenant cela ne peut venir du café car je n'en prends pas une goutte, ni du manque de mouvement car je me promène toute la journée. » Il répond : « Oui, alors la raison doit être que vous ne buvez pas de café et marchez trop. » Ainsi en était-il ; le malaise était et restait donc le même, mais quand je bois du café il vient de ce que j'en bois et quand je n'en bois pas de ce que je n'en bois pas. Et c'est la même*

* La mention figure sous le titre des *Discours édifiants*, 1843-1847.

chose pour nous autres hommes. Toute la vie terrestre est une espèce de malaise. Si quelqu'un en demande la raison, on lui demande d'abord comment il a organisé sa vie ; dès qu'il l'a dit on répond : « Voilà, c'est la raison. » Si quelqu'un d'autre demande la raison on fait de même et, quand il dit le contraire, on répond : « Voilà, c'est la raison » – et l'on s'en va avec des airs importants, comme si l'on avait tout expliqué, jusqu'à ce qu'on ait passé le coin de la rue, alors on prend ses jambes à son cou et on s'éclipse. Me donnât-on dix thalers je ne prendrais pas sur moi de résoudre l'énigme de l'existence. Et pourquoi devrais-je le faire ? Si la vie est une énigme, elle se termine pourtant par le fait que celui qui la propose la résout lui-même.

Post-scriptum final non-scientifique
aux Miettes philosophiques, 1846

À lire Kierkegaard, on se dit parfois que ses conseils pour faire face au désespoir marcheraient tout aussi bien si on croyait au destin plutôt qu'en Dieu. Le fatalisme et le renoncement qu'il célèbre chez l'oiseau et le lys et qu'il nous recommande, ne sont-ils pas divins en vérité à leur insu ? Ce que Kierkegaard nous dit en conclusion, c'est que nous ne saurions suivre notre voie selon la raison sans un désespoir vrai. Les mots, les guides de bien-être, la psychanalyse n'y pourvoiront pas. L'important est d'avoir foi dans la vie ; et de ne jamais oublier le pouvoir du rire... Au plus profond de notre désespoir, que ce soit un nuage qui semble assombrir notre vie entière, ou une petite déception personnelle que nous prenons trop au sérieux – nous voulions des enfants mais nous n'en avons pas eu ; nous avions fixé notre cœur sur une femme qui en a préféré un autre ; nous aurions si bien satisfait à ce travail si seulement on nous avait laissé notre chance –, Kierkegaard nous suggère que nous serions bien inspirés de nous rappeler le don libérateur du rire :

Il m'est arrivé quelque chose d'étrange. J'ai été ravi au septième ciel. Là, tous les dieux étaient assemblés. Par grâce spéciale me fut accor-

dée la faveur de formuler un vœu. « Veux-tu, me dit Mercure, veux-tu la jeunesse, la beauté, la puissance, une longue vie, la plus belle des jeunes filles, ou telle autre merveille parmi toutes celles que nous avons dans notre coffre ? Choisis, mais ne choisis qu'une chose. » Je fus un instant perplexe, puis je m'adressai aux dieux en ces termes : « Très honorés contemporains, je choisis une seule chose, c'est d'avoir toujours le rire de mon côté. » Pas un dieu ne répondit un mot, mais tous, ils éclatèrent de rire. J'en conclus que ma prière était exaucée et que les dieux savaient s'exprimer avec goût ; car il eût été malséant de répondre avec un grand sérieux : « Que cela te soit accordé. »

Ou bien... ou bien, Diapsalmata, 1843

IX. COMMENT PENSER À LA MORT

REMERCIEMENTS

Merci à Juliette Mitchell de m'avoir invité à écrire cet ouvrage ; à Cindy Chan de m'avoir encouragé ; à Egil Hjelmervik pour le jazz et la conversation au « Herr Nilsen » ; à Thor Arvid Dyrerud pour les deux livres de Kierkegaard et à Jan Erik Holst pour le film sur Kierkegaard ; et à Nina qui toujours s'intéresse à l'essentiel.

Nous savons toute l'importance qu'attachait Kierkegaard à convaincre de la nécessité de percer les idées sur la vie et sur la société qui nous sont *vendues* depuis notre naissance. C'est indispensable si nous voulons garder un espoir de devenir nous-mêmes. Nous avons vu qu'il nous poussait à ne pas craindre le désespoir qui pourrait nous submerger à nous éveiller soudain au milieu de ce monde étrange, nouveau et sans illusion, qui est le sien ; parce que ce n'est que lorsque nous éprouverons ce désespoir que nous pourrons décider fermement, fortement et profondément de la vie que nous voulons mener. Kierkegaard était conscient de la détresse que peut d'abord engendrer l'idée d'être soi-même, mais il était aussi passionnément conscient de la nécessité de poursuivre cet objectif. Il était si décidé à prouver la réalité du désespoir qu'il a analysé le cas particulier du désespoir qui afflige ceux d'entre nous qui ne savent même pas qu'ils ont un moi, et se croient parfaitement satisfaits du monde comme il va. Voilà une affirmation qui devait susciter, il le savait, résistance et même hostilité. Il est pourtant fermement convaincu que tous nous sommes insuffisants dans ce domaine, et veut nous aider à nous réaliser pleinement :

> *Quand, par exemple, un homme est supposé heureux ou s'imagine l'être, alors qu'à la lumière de la vérité il est malheureux, il est la plupart du temps à cent lieues de souhaiter qu'on l'arrache à son erreur. Tout au contraire, il s'emporte et voit son pire ennemi en qui essaie de le détromper ; cette tentative est pour lui une sorte d'attaque en vue de tuer, comme on dit, son bonheur. Et d'où vient cela ? Du fait que le psycho-sensoriel le domine entièrement et du fait que, vivant dans les catégories du monde sensible, de l'agréable et du désagréable, il n'a cure de l'esprit, de la vérité, etc. ; cela vient de ce qu'il est trop asservi au sensible pour avoir le courage et l'audace d'être esprit, et de le supporter. Si vains et si présomptueux que puissent être les hommes, ils ont le plus souvent une très faible idée d'eux-mêmes, je veux dire qu'ils n'ont aucune idée du fait d'être esprit, l'absolu qu'un homme peut être ; mais ils sont vains et présomptueux – en se comparant*

entre eux. Si l'on s'imagine une maison composée d'un sous-sol, d'un rez-de-chaussée et d'un premier, et destinée à recevoir à chaque étage des gens d'un rang social différent, et si l'on compare la condition humaine à cette maison, on fait, hélas ! cette triste et ridicule constatation que la plupart préfèrent habiter le sous-sol de leur propre maison. Tout homme, par la synthèse d'âme et de corps qu'il est, est destiné à être esprit ; cet assemblage est sa demeure ; mais il préfère habiter le sous-sol, c'est-à-dire dans les catégories du sensible. Et il ne se contente pas d'y habiter ; bien plus, il s'y plaît au point qu'il se fâche si on lui propose d'occuper le bel étage libre et à sa disposition – car il demeure bien dans sa propre maison.

La Maladie à la mort, 1849

La critique de Kierkegaard est particulièrement intéressante quand il aborde le sujet des philosophes et la question de savoir si leur existence est en accord avec les systèmes qu'ils consacrent leur vie à créer. De fait, depuis l'époque de Kierkegaard le divorce entre la philosophie et la vie de tous les jours, ordinaire, n'a cessé de s'aggraver. La philosophie est devenue une discipline académique, abstraite, qui a son langage propre et ses propres concepts, et qui paraît avoir peu ou pas de rapport avec la vie que nous menons concrètement. Une des meilleures qualités de Kierkegaard est sa simplicité : même si nous ne sommes pas entièrement d'accord avec lui, au moins sommes-nous en mesure de comprendre ce qu'il dit. Aussi ne perdait-il pas son temps avec ces philosophes qui considéraient leur système de pensée comme une création abstraite, « là-bas quelque part », et ne se sentaient en aucune façon tenus de mettre en accord leur existence avec lui. Pourquoi aurait-il dû les admirer ? Tels qu'il les voyait, ils étaient égarés :

Non ; ce que les hommes, par une conduite toute contraire à celle de Socrate, redoutent le moins, c'est d'être dans l'égarement, l'erreur. Des exemples stupéfiants le montrent à une immense échelle. Un penseur * *construit un énorme édifice, un Système embrassant*

* Hegel.

toute la réalité, toute l'histoire, etc. ; si l'on regarde à sa vie personnelle, on reste abasourdi de cette constatation terrible et ridicule qu'il n'habite pas lui-même ce palais colossal aux voûtes élevées, mais une petite dépendance, la niche du chien, tout au plus la loge du concierge. Si l'on se permettait de souligner d'un mot la contradiction, ce penseur serait offensé. Car il ne craint pas de se tromper, pourvu seulement qu'il achève le Système – grâce à l'erreur où il est.

Ainsi, peu importe que le désespéré ignore que son état est le désespoir ; il n'en est pas moins tout aussi désespéré. Si le désespoir est égarement, l'ignorance de ce fait s'ajoute simplement à l'erreur où l'on est. Il en est de l'ignorance du désespoir comme de celle de l'angoisse [...]. L'angoisse de l'insensibilité spirituelle se reconnaît justement à l'assurance propre à cette insensibilité. Mais l'angoisse n'en est pas moins au fond de l'assurance que l'on affiche ; et de même le désespoir : quand l'enchantement des illusions du monde sensible est rompu, quand la réalité commence à chanceler, le désespoir apparaît aussitôt comme le fond de l'état psychologique.

La Maladie à la mort, 1849

La philosophie, pour Kierkegaard, était prescriptive. Elle devait nous aider à bien vivre et à bien mourir. En cela il a plus en commun avec un philosophe taoïste comme le Chinois Tchouang-tseu qu'avec la plupart de ses contemporains et presque contemporains occidentaux. Ses conseils de vie revêtent parfois une expression ironique :

Sur le papier au moins, chacun aujourd'hui est un type si absolument extraordinaire qu'il se trouve parfois en proie à des inquiétudes futiles. Par exemple, le risque auquel on s'expose à notre époque est d'en avoir fini si vite avec tout, que la question de savoir comment occuper le temps qui reste devient un problème réel. L'un écrit sur un morceau de papier : « douter de tout » – et avec cela il a tout mis en doute. Avant même la trentaine, il peut devenir très difficile de remplir le temps qui reste – particulièrement pour ceux qui ne se sont pas assurés contre la venue de la vieillesse en apprenant à jouer aux cartes.

Post-scriptum final non-scientifique
aux Miettes philosophiques, 1846

En d'autres occasions, ils sont d'un terrible bon sens :

Devenir subjectif devrait donner à un homme, aussi longtemps qu'il vit, de quoi s'occuper pleinement, de telle sorte qu'il n'arriverait pas à un homme zélé, mais seulement à un homme agité, d'en avoir fini avec la vie avant que la vie n'en eût fini avec lui. Et celui-ci ne serait pas fondé à se moquer de la vie, mais bien plutôt moralement obligé à voir qu'il n'a sans doute pas correctement compris la tâche de la vie, car cette tâche doit naturellement durer aussi longtemps que la vie. [...]
En avoir trop tôt fini est le plus grand de tous les dangers. [...]
Vouloir directement freiner mon époque, je n'ai pas de temps pour cela, et d'ailleurs je pense qu'il en serait comme quand quelqu'un, dans une voiture, saisit le siège qui est devant lui pour arrêter la voiture : il se met dans un rapport direct avec son époque et veut pourtant l'arrêter. Non, la seule chose à faire est de descendre soi-même de la voiture, et de s'arrêter soi-même.
Si on descend de la voiture (et, quand on vit avec son époque on est surtout de nos jours, et continuellement, en chemin de fer) et si on n'oublie jamais que la tâche consiste à freiner – car la tentation est d'en finir trop vite – alors on peut affirmer en toute sûreté que la tâche suffit à la vie. Il est impossible que la tâche soit fautive, car elle est justement de suffire.

Post-scriptum final non-scientifique aux Miettes philosophiques, 1846

Tout cela procède du désir pressant qu'éprouve Kierkegaard de nous aider à nous rappeler comme importe chaque instant de la vie. Parce que la vie a un terme, il nous presse d'entendre le bourdonnement de mort qui accompagne nos jours, non pour qu'il les gâte, mais pour qu'il les enrichisse dans la conscience qu'ils finiront et ne doivent pas être gâchés.

S'il est certain que la mort est un fait, comme c'est le cas ; s'il est certain qu'avec sa décision tout est fini et qu'elle ne se mêle jamais de fournir elle-même une explication, alors, il s'agit de comprendre soi-même, et le sérieux comprend que si la mort est une nuit, la vie est le jour ; que si l'on ne peut travailler la nuit, on peut agir le jour ; et comme le mot bref de la mort, l'appel concis mais stimulant du sérieux, c'est : « Aujourd'hui même. » Car la mort envisagée dans le sérieux est une source d'énergie comme nulle autre ; elle rend vigilant comme rien d'autre. La mort incite l'homme charnel à dire : « Mangeons et buvons, car demain, nous mourrons » ; mais c'est là le lâche désir de vivre de la sensualité, ce méprisable ordre de choses où l'on vit pour manger et boire, et où l'on ne mange ni ne boit pour vivre. L'idée de la mort amène peut-être un esprit plus profond à un sentiment d'impuissance où il succombe sans aucun ressort ; mais à la vie de l'homme animé de sérieux, la pensée de la mort donne l'exacte stimulation et elle lui indique le but où diriger sa course. Et nul arc ne saurait être tendu ni communiquer à la flèche sa vitesse comme la pensée de la mort stimule le vivant dont le sérieux tend l'énergie. Alors le sérieux s'empare de l'actuel aujourd'hui même ; il ne dédaigne aucune tâche comme insignifiante, il n'écarte aucun moment comme trop court ; il travaille de toutes ses forces, à plein rendement, prêt cependant à sourire si son effort se prétend méritoire devant Dieu, et prêt à comprendre en son impuissance qu'un homme n'est rien et qu'en travaillant avec la plus extrême énergie, l'on ne fait qu'obtenir la véritable occasion de s'étonner de Dieu. Car en définitive, le temps est aussi un bien. Si un homme pouvait provoquer une période de disette dans la vie économique, il aurait du travail ; car, dit en effet le marchand, la marchandise a son prix qui dépend pour beaucoup des conjonctures favorables – et en temps de misère, le marchand fait des affaires. Dans le monde extérieur, il est vrai, un homme n'a peut-être pas ce pouvoir ; mais chacun le possède dans le monde de l'esprit. La mort amène disette de temps pour le mourant ; qui ne sait combien un jour et parfois une heure n'a renchéri le prix quand le moribond a marchandé avec la mort ; qui n'a entendu de la valeur infinie prise par un jour et parfois une heure quand la mort a rendu le temps précieux ! La mort peut cela, mais l'homme instruit du sérieux peut aussi, grâce à la pensée de la mort, rendre le temps précieux, de sorte que le jour et l'année prennent une valeur infinie – et quand le temps coûte cher, le marchand gagne en profitant du moment. Mais quand l'ordre public est troublé, le marchand n'abandonne pas au hasard ses gains amoncelés ; il veille sur son trésor pour empêcher le voleur d'y porter la main et de le lui ravir : la mort, hélas ! est aussi semblable à un voleur la nuit.

Trois Discours sur des circonstances supposées,
Sur une tombe, 1845

X. CONCLUSION

Choisir de choisir

La vie d'un grand penseur, d'un grand peintre ou d'un grand écrivain, m'a toujours paru riche d'enseignements. Les circonstances mêmes de la vie de Kierkegaard donnent une grande autorité à son œuvre pour deux raisons. Je le crois quand il dit qu'il a abandonné la foi chrétienne de son enfance avant de la regagner comme adulte ; et les décès précoces qui ont endeuillé sa proche famille – la mort de cinq de ses frères et sœurs et celle de sa mère –, avec la conscience de sa propre fragilité physique, lui ont donné la conscience aiguë et unique que sa mort pouvait survenir à tout moment. Ils lui ont donné l'impression vivace de l'incroyable brièveté de la vie. Un de ses amis s'est souvenu qu'il était à ce point convaincu qu'il n'atteindrait pas l'âge de trente-quatre ans, que lorsqu'il y parvint il se rendit à l'église pour vérifier sa date de naissance sur les registres paroissiaux.

Kierkegaard est souvent considéré comme le père de l'existentialisme, cette philosophie associée aux noms de Jean-Paul Sartre et d'Albert Camus qui devint célèbre en Europe et aux États-Unis dans les années cinquante. À cet égard, il fut un homme moderne à la mentalité moderne. Il possédait le genre de vaste agilité intellectuelle qui perçoit dans le cours de chaque événement et dans chacun de nos jugements des arguments pour l'étayer. Une telle disposition d'esprit est parfois appelée « vision judiciaire », l'aptitude à voir les deux côtés – et même plus – d'un argument.

Ce peut être un merveilleux talent devant un tribunal mais dans nos vies personnelles, si nous n'y prenons garde, il peut facilement basculer dans un relativisme moral : on décrétera qu'il est logique que quelqu'un dévalise une banque parce qu'il ne trouve pas d'emploi. Ou peut-être pas logique, ou acceptable, mais qu'au moins nous le comprenons. Et peut-être existe-t-il des arguments en faveur de cette thèse (voyez la façon dont cela fonctionne...). Mais se montrer toujours persuadé de la validité du point de vue de l'autre peut rapidement conduire à un état de choses tel que nous ne savons plus ce que nous croyons, et même si nous croyons encore quelque chose. Dans la série télévisée des années 1990 intitulée « The Fast Show », Paul Whitehouse a créé un personnage appelé Dave. Chaque fois qu'une discussion ou un débat s'élevaient dans le pub, ce Dave abondait passionnément avec ce que son interlocuteur venait de dire, quoi qu'il pût dire, quand même cela entrait en flagrante contradiction avec ce que lui-même avait à l'instant assené. Le personnage principal du film *Zelig* de Woody Allen souffre du même caméléonisme, de cette incapacité à être soi et à s'y tenir. Quand Groucho Marx retirait son cigare de sa bouche pour se vanter : « *Tels sont mes principes et si vous ne les aimez pas, eh bien, j'en ai d'autres* », il capturait parfaitement la vanité et la futilité de ce dilemme.

Les comédiens jouent nos échecs pour en faire rire, mais dans nos propres vies ils ne paraissent pas toujours si drôles. Il peut tout aussi bien s'agir d'échecs authentiques et cuisants face à la question de savoir où nous en sommes vraiment – moralement, politiquement ou intellectuellement –, parce que nous avons tant médité que nous avons tout mis sur orbite autour de nous, sans jamais daigner nous-mêmes atterrir.

Dans notre monde complexe, voici un problème singulièrement moderne : tant de souffrance, tant de voix, tant de choix – comment pourrions-nous savoir ce que nous pensons ? Comment pourrions-nous agir alors que les choix ne cessent de se présenter ?

Kierkegaard a vu que si chaque décision et chaque réponse se valent, alors en dernier ressort, peu importe ce que nous décidons. En fait, rien n'importe vraiment, – comment cela se pourrait-il ?

Dans toute sa simplicité, ce dilemme évoque un enfer circulaire. Kierkegaard a pris conscience que la meilleure échappatoire possible était d'avoir le courage de faire son choix, l'examiner à fond et l'éprouver. S'il survit, respectez-le. Parce qu'à présent, c'est *votre* choix.

Le choix que fit Kierkegaard pour sa part consista à sortir du monde du rationalisme qui obéit aux mots, pour ce saut de la foi dans le monde irrationnel de la religion. Mais il n'était pas un prédicateur, et il n'a pas fait de prosélytisme. Il croyait à la passion. Il était préférable, pensait-il, d'en tenir passionnément pour une croyance fausse, que de croire platement en la vérité. Dans le contexte de la société danoise qui était la sienne, il éprouvait plus de respect pour les athées passionnés que pour ceux qui s'étaient fait une vie confortable en acceptant passivement la version du christianisme de l'église d'État.

Il serait bien étrange en effet que mon insignifiante personne réussît là où le christianisme même a échoué – à susciter la passion dans le penseur spéculatif. Et si cela devait arriver, alors soudain ma petite miette philosophique acquerrait une valeur dont j'eusse difficilement pu rêver. Mais celui qui n'est ni chaud ni froid est une abomination, et Dieu n'est pas mieux servi par la tiédeur de tels individus que ne l'est le fusilier par un fusil qui fait long feu au lieu de tirer au moment crucial.

Post-scriptum final non-scientifique
aux Miettes philosophiques, 1846

Il nous arrive à tous de prendre conscience que nous oublions de nous rappeler cette chose étonnante qui est que nous sommes en vie, êtres humains doués de pensée, que nous oublions de nous demander qui nous sommes, et pourquoi nous sommes là, et où nous nous dirigeons tous. Dans de tels moments, la lecture de Kierkegaard m'est particulièrement bénéfique. Elle l'est aussi quand à cause de circonstances contraires je suis tombé dans le piège de blâmer Dieu, ou pour me rappeler mon existence singulière, pour le meilleur ou pour le pire, et qu'en dernière analyse c'est ce choix qui se cache derrière toute possible déception que je puis souffrir. Blâmer Dieu ou qui que ce soit n'aide en rien. Tout ce qu'on peut faire c'est de se montrer reconnaissant d'être né, puis de s'atteler et d'essayer à nouveau.

En toute objectivité, la vie de Kierkegaard ne fut pas heureuse, marquée par la rapide et cruelle disparition de sa nombreuse famille ; la tentative brève et tourmentée pour commencer une vie normale avec Régine qu'il continua à son étrange façon d'aimer jusqu'à la fin ; et sa propre mort atrocement douloureuse à l'âge de quarante-deux ans. Pour un chrétien à la foi ordinaire, qui nourrit de raisonnables espérances de récompense pour une vie de dévouement fidèle, un tel sort pourrait même passer pour humiliant. Mais Kierkegaard n'était pas un chrétien ordinaire, et il est demeuré fidèle à sa foi à travers toutes ces épreuves. Il a même refusé de recevoir les derniers sacrements d'un prêtre, préférant insister sur le choix choquant qui lui était offert d'un laïc ou d'un prêtre pour remplir cet office. Pour finir, les derniers sacrements ne lui furent pas administrés du tout.

Je ne saurais suivre Kierkegaard ni tenter d'être un « kierkegaardien ». À trop d'égards, ce qu'il croyait est tout simplement trop absolu pour moi. Mais je ne cesse d'être fasciné par le grand tourbillon de questions qu'il soulève sur le sens de la vie, et par la passion avec laquelle il a préconisé la solution que lui-même a choisie – de croire que le Christ était en vérité le fils de Dieu. Je le lis à la façon dont je nage dans l'océan, sans aucun espoir de comprendre l'immensité de ce que je vis, mais empli de gratitude et de joie pour le peu que j'en comprends et qui m'est utile.

Et c'est ainsi que j'espère que vous en userez à votre tour.

XI. POUR ALLER PLUS LOIN

I – Comment s'éveiller

Votre vie est-elle largement vécue en mode pilotage automatique ? Pour en avoir le cœur net, choisissez un jour et tentez chaque demi-heure par exemple de répondre à ces questions : suis-je en mode pilotage automatique en ce moment ? Suis-je disposé à accueillir l'inattendu ?

Kierkegaard était fermement convaincu que l'ennui représentait l'un des plus grands dangers de la condition humaine. En 1970, le groupe The Boomtown Rats de Bob Geldof plaça une chanson au hit-parade qui s'intitulait « *I Don't Like Mondays* ». Écoutez-la donc et voyez comme elle rejoint la conviction de Kierkegaard.

Chez Kierkegaard le stade qui suit l'esthétique sur le chemin de la vie est le stade éthique. Mais il précise à ce sujet qu'on ne naît pas éthique, qu'on doit apprendre à le devenir. Demandez-vous si on peut vraiment apprendre à devenir éthique.

Relisez la description que fait Kierkegaard de l'esthète. Vous reconnaissez-vous dans cette manière de jouer son propre rôle dans la vie ? Si oui, cela vous paraît-il une force ou une faiblesse ?

Lisez *Une maison de poupée*, la pièce d'Henrik Ibsen, ou empruntez le DVD d'une représentation de ce fameux drame, et posez-vous la question : si s'éveiller au sens kierkegaardien signifie quitter votre vie, abandonner votre maison et votre famille, comme Nora Helmer le fait dans la pièce, est-ce éthiquement défendable ?

II – Comment voir au travers des apparences

L'Étranger d'Albert Camus est l'un des plus célèbres romans existentialistes. Lisez ce court roman et voyez si vous pouvez le rapporter à cette description que fait Kierkegaard de notre façon de nous scinder en deux : acteurs jouant notre rôle ; spectateurs de notre jeu. Comprenez-vous pour quelle raison Kierkegaard est considéré comme l'un des fondateurs de l'existentialisme ?

Les témoins d'un cambriolage violent ou d'une catastrophe naturelle disent souvent après coup que cela s'est passé « comme dans un film ». Kierkegaard était fasciné par la représentation de la vie qu'offraient le théâtre ou l'opéra. Il en prisait autant l'éclairage qu'il en redoutait la séduction et le danger. Considérez les divertissements de notre époque sophistiquée : tant de réalité virtuelle et tant de spectacles ne finissent-ils pas par créer un état de conscience qui peine à distinguer entre la réalité et la fiction ?

Bien que cela puisse apparaître à première vue comme une victoire de notre lucidité, Kierkegaard suggère que la capacité de tout percer peut s'avérer problématique, parce que nous ne savons pas quand ni comment nous arrêter. Écoutez *Man of the World* de Fleetwood Mac et examinez : quand le chanteur, las du monde, dit qu'il voudrait être amoureux, veut-il dire qu'il voudrait à nouveau tomber amoureux (parce que cela a toujours résolu son problème existentiel), ou veut-il dire qu'il a enfin percé son propre jeu et s'est rendu compte qu'il n'a jamais été vraiment amoureux ?

III – Comment éviter de vivre dans le passé

Kierkegaard laisse entendre que nous utilisons le passé pour nous créer un sentiment de confortable familiarité avec le présent. Interrogez-vous : cela correspond-il à une autre manière de s'endormir ?

Lisez le court roman de Vladimir Nabokov *La Transparence des choses,* dans lequel un veuf tente de bercer son chagrin en revisitant la ville, l'hôtel et jusqu'à la chambre dans laquelle lui et feu son épouse passèrent leur lune de miel. Interrogez-vous : sa propre expérience confirme-t-elle Kierkegaard dans son renoncement à recréer le bonheur passé de cette façon ?

L'un des plus grands romans introspectifs du monde, *À la recherche du temps perdu* de Marcel Proust, pourrait passer pour un hymne à la gloire du passé ; on pourrait en dire autant des grandes œuvres autobiographiques, comme les *Confessions* de Rousseau. Quel avantage personnel ces auteurs retirent-ils à fouiller ainsi leur passé, et quel avantage pensez-vous que nous-mêmes puissions retirer de leur entreprise ?

IV – Pourquoi nous devrions cultiver l'insatisfaction

Écoutez « *It's Alright Ma, I'm Only Bleeding* »* de Bob Dylan : les pensées qui lui viennent en rêve, chante-t-il, si on les dévoilait, lui vaudraient sûrement la guillotine. Puis

* « *Tout va bien Maman, je saigne c'est tout* ».

lisez l'essai de George Orwell intitulé *Dans le ventre de la Baleine*. Notez le passage relatif à la guerre civile espagnole, où Orwell observe que la plupart des membres de son entourage paraissaient avoir peur de leurs propres pensées à ce sujet. (« Oserai-je penser cela ? ») Comme Kierkegaard, il considérait cette autocensure comme malsaine. Posez-vous la question : combien de fois me suis-je surpris en flagrant délit d'autocensure ?

Si la réponse est « assez souvent », est-ce parce que vous vous souciez de ce que les gens ne vous aimeraient plus s'ils savaient ce que vous pensez vraiment ? Ou est-ce parce que, d'une manière ou d'une autre, vous êtes en désaccord avec vous-même ?

Nous connaissons presque tous quelqu'un qui n'hésite pas à donner son avis en toutes circonstances et que nous admirons pour sa franchise, quand bien même nous ne partageons pas son opinion. Dans les *Diapsalmata* cependant, Kierkegaard exprime un autre point de vue sur la liberté d'expression : « *Les hommes sont vraiment absurdes. Ils n'usent jamais des libertés dont ils jouissent, mais ils réclament celles qu'ils n'ont pas ; ils ont la liberté de penser, ils demandent la liberté de parole.* » Demandez-vous si cette remarque vaut pour cette personne que vous admirez pour sa franchise ?

V – Ne pas trop penser

Vous êtes-vous jamais surpris en train de vous chercher des raisons pour n'avoir pas fait ce que vous *saviez* que vous auriez dû faire ? Si tel est le cas, votre propre exemple ne vous incite-t-il pas à penser avec Kierkegaard que la raison est certes un outil utile, mais qui n'a aucun rôle à jouer en matière spirituelle ou dans les questions de conscience ?

Lisez l'ouvrage* ou voyez le DVD *Man on Wire*** consacrés à la traversée que réalisa Philippe Petit en 1974 entre les sommets des deux tours du *World Trade Center*. Quand Petit descendit enfin du fil, il fut arrêté par un policier new-yorkais***. Réfléchissez à ce que cet épisode nous dit de l'époque dans laquelle nous vivons.

VI – Quand se taire

Lisez le *Tao Te King* de Lao Tseu et comparez l'impression qui se dégage de son dernier verset**** avec l'évocation par Kierkegaard d'une paisible soirée, « *quand le silence repose sur la terre et que d'une prairie éloignée on entend le bêlement des troupeaux, ou d'une ferme distante l'aboiement familier d'un chien* ». Demandez-vous si sous des aspects différents, Lao Tseu et Kierkegaard ne nous proposent pas en substance la même sagesse ?

---

* Philippe Petit, *Funambule*, Albin Michel, 1991.

** Noter que le film américain *The Walk*, réalisé par Robert Zemeckis et prévu pour sortir en 2015, reviendra sur la traversée entre le sommet des deux tours du *World Trade Center*. Philippe Petit y sera incarné par Joseph Gordon-Levitt.

*** 7 août 1974. Philippe Petit déclara alors : « *Quand je vois trois oranges, je jongle, quand je vois deux tours, j'ai envie de passer de l'une à l'autre.* »

**** Il s'agit du 81ᵉ verset :
« *Les paroles sincères ne sont pas élégantes ; les paroles élégantes ne sont pas sincères.*
L'homme vertueux n'est pas disert ; celui qui est disert n'est pas vertueux.
Celui qui connaît (le Tao) n'est pas savant ; celui qui est savant ne le connaît pas.
Le Saint n'accumule pas (les richesses).
Plus il emploie (sa vertu) dans l'intérêt des hommes, et plus elle augmente.
Plus il donne aux hommes et plus il s'enrichit. Telle est la voie du ciel, qu'il est utile aux êtres et ne leur nuit point. Telle est la voie du Saint, qu'il agit et ne dispute point. »

En proie à la mauvaise humeur, nous pourrions nous laisser aller à rejeter ce précepte de vie au motif que Kierkegaard ne serait qu'un sentimental entiché d'oiseaux et de fleurs. Rejetterions-nous aussi, sur le même fondement, les interprétations et les explications que propose David Attenborough * dans des documentaires tels que *Life, l'aventure de la vie* ** ? Si non, pourquoi ?

La Reprise de Kierkegaard fait de fréquentes références à l'histoire de Job. Lisez *La Reprise*, lisez ensuite *Le Livre de Job* dans l'Ancien Testament et demandez-vous si vous partagez la façon qu'a Kierkegaard d'interpréter l'histoire de Job ? Pour mettre en perspective muette cette réflexion sur le sens de la souffrance, écoutez le ballet *Job : A Masque for Dancing* de Vaughan Williams ***.

VII – Comment faire face au désespoir

On lit à la dernière ligne du roman *L'Innommable* de Samuel Beckett : « ... *Je ne peux pas continuer, je vais continuer.* » Demandez-vous si Beckett exprime la même chose que Kierkegaard, à savoir qu'aborder sincèrement le potentiel d'horreur que comporte la vie est une condition préalable pour apprécier la vie ? Lisez le court roman de Nabokov intitulé *Le Désespoir* ****. Pouvez-vous raccrocher les événements qu'il relate à l'idée que Kierkegaard se fait du

* Rédacteur scientifique et chercheur naturaliste britannique né le 8 mai 1926 à Londres.

** 2009, diffusé sur Arte au cours de l'été 2010.

*** Ralph Vaughan Williams, compositeur britannique né le 12 octobre 1872 à Down Ampney et mort le 26 août 1958 à Londres.

**** *La Méprise* est le titre français généralement retenu.

désespoir ? Ou le désespoir de Nabokov est-il d'une autre essence ?

Enfin, demandez-vous s'il est plus difficile de se réjouir de la vie ou de s'en plaindre ?

VIII – Comment penser à la mort

Lisez la pièce d'Ibsen *Le Canard sauvage*. Demandez-vous qui vous admirez le plus dans cette pièce : est-ce Gregers Werle qui croit que la vérité doit toujours être dite quelle qu'elle soit, ou le demi-alcoolique docteur Relling qui prône la nécessité pour chacun du « mensonge vital » qui lui permette de traverser l'existence ?

Lisez aussi *Tropique du Cancer* d'Henry Miller. Miller écrit : « *Je n'ai pas d'argent, pas de ressources, pas d'espérances. Je suis le plus heureux des hommes au monde.* » Au sens kierkegaardien, pensez-vous que Miller s'illusionnait ?

Songez à l'affirmation de Kierkegaard selon laquelle si la vie d'un philosophe ne reflète pas pratiquement et largement ses pensées, alors ce qu'il pense ne mérite pas notre attention. Est-ce votre avis ?

Le taoïsme de Tchouang-tseu et de Lie Zi n'a pas de dieux, mais on trouve beaucoup de similitudes entre leur manière de voir les choses et celle de Kierkegaard, particulièrement dans le scepticisme avec lequel ils considèrent les revendications du rationalisme. Pensez-vous qu'il soit possible d'extirper Dieu des écrits de Kierkegaard et d'en tirer pourtant quelque enseignement de valeur ?

Demandez-vous pour finir si le christianisme de Kierkegaard vous dissuade de le lire, ou s'il attise au contraire votre curiosité pour ses écrits ?

Si Kierkegaard vous intrigue et que vous voulez en savoir plus, les *Journaux et Cahiers de notes** sont l'ouvrage idéal par lequel commencer.

* Partiellement parus (deux volumes) aux Éditions Fayard/Éditions de l'Oronte.

TABLE DES MATIÈRES

POCKET N° 15887

L'argent rend-il vraiment heureux ?

John ARMSTRONG

COMMENT APPRIVOISER L'ARGENT

Notre relation avec l'argent marque notre vie entière, mais, traditionnellement, les livres sur le sujet n'explorent que deux aspects : comment gagner plus ou comment dépenser moins.
John Armstrong prend ces deux approches à contre-pied en ne s'intéressant pas à l'argent en tant que but ultime mais en analysant l'importance qu'on lui donne. Comment peut-il à la fois nous motiver et nous faire peur ? À quel point en avons-nous vraiment besoin ? Ce livre nous encourage à redéfinir notre relation à l'argent, et nous incite à découvrir ce qui compte vraiment dans notre vie.

POCKET N° 15888

Quelle place donner aux nouvelles technologies dans notre quotidien ?

Tom CHATFIELD

COMMENT MIEUX VIVRE À L'ÈRE NUMÉRIQUE

Nous vivons, chaque jour davantage, dans un monde numérique. La moitié de la population mondiale passe la majeure partie de son temps « connectée » : à un téléphone, une tablette, un ordinateur... Mais quelles conséquences ce besoin incessant d'être « connecté » entraîne-t-il réellement ?

Pour la première fois, Tom Chatfield se penche sur la question. Il nous invite à examiner les effets que cette vie saturée de nouvelles technologies peut avoir sur notre esprit. Recherche approfondie, point de vue original, exemples concrets : un guide pratique pour s'épanouir à l'ère numérique... sans perdre notre humanité.

Composé par Nord Compo
à Villeneuve-d'Ascq (59)

Imprimé en Espagne par
LIBERDÚPLEX
à Sant Llorenç d'Hortons (Barcelone)
en juin 2015

POCKET – 12, avenue d'Italie – 75627 Paris cedex 13

N° d'impression : 46847
Dépôt légal : juin 2015
S25546/01